신광철 작가

나무가 생애 전체를 온몸으로 일어서는 일에 몰입하듯 사람도 홀로
일어서는 일, 즉 인간독립을 위해 헌신해야 한다고 믿는 사람이다.
시인으로 출발해, 인문학 저술활동을 하며, 한국학연구소장으로 활
동하고 있다. 인문학에 대한 40여 권의 저술이 있다.
〈긍정이와 웃음이의 마음공부여행〉의 저자인 신광철 작가는 무거운
철학을 경쾌하게 만들어 친근하게 만든다. 헬리곱터처럼 무거운 것
을 공중부양시킨다. 힘겨운 인생을 경쾌하게 만드는 능력을 가지고
있다. 그리고 〈소설환단고기〉 1, 2권을 출간했다. 3, 4, 5권을 연속
낼 계획이다. 이번에는 묵직한 역사를 대중성 있게 만드는 작업이
다. 인문학을 가볍게 공중부양시키는 역시 헬리곱터 같은 작가다.

원아 그림작가

작고 사랑스러운 존재들을 그릴 때
가장 행복한 사람입니다.
쓰고 그린 책으로
'고양이는 알고 있지' 가
있습니다.

꼬마철학자
두발로

초판 1쇄 발행 2023년 1월 2일
　　2쇄 발행 2023년 2월 25일

지 은 이 신광철
그　　림 원 아
펴 낸 이 김희경
기획편집 왕태근
디 자 인 홍지연

펴낸 곳 느티나무가 있는 풍경
주소 경기도 남양주시 가운로 4길 6-8 302호(다산동)
전화 031. 555. 6405　**FAX** 031. 567. 6405
출판등록 제399-2020-000042
ISBN 979-11-971341-9-7

꼬마철학자
두발로

인생은 춤추게 해야 하는거야

여행은 자신을 사랑하는 사람이
자신에게 돌아오기 위해 떠나는거야.
또한, 여행은 새로운 시선을
가지기 위해 떠나는 거야.
눈 하나를 더 갖는 거지. 제3의 눈을!

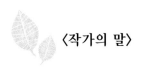 **〈작가의 말〉**

해바라기 씨 하나를 심으면 여름 날에 해바라기 꽃 하나가 핀다. 해바라기 씨 한 봉투를 빈밭에 심으면 빈밭 가득 해바라기 꽃이 핀다. 한 사람을 사랑하면 마음 안에 등이 하나 켜진다. 세상을 사랑하면 마음 안에 등이 가득 켜진다. 사랑하면 마음 안에 어둠이 사라진다.

어느 날 꼬마 철학자를 만났다. 두발로 걸어 다녀 '두발로 박사'다. 어느 날 말하는 앵무새 토토새를 만났다. 토토새는

두발로 박사 친구가 되었다. 내가 상상한 세상을 만들었더니
두발로 박사와 토토새가 즐거워 했다. 그래서 여행을 시켜
주기로 했다. 그래서 〈꼬마철학자 두발로〉가 탄생했다.

　사실 나는 혼자서 잘 놀았다. 내 마음 안에서 일어나는 일
들을 바라보고 사는 일만으로도 진종일 즐거웠다. 마음 밖에
서 태양이 뜨고 지는 일을 바라보는 것만으로 감사했다. 내
마음 안에서 마음 날씨가 변화하는 것을 바라보는 것만으로
도 인생은 바빴다.

　내 몸 안의 생명현상은 기적이었다. 생명은 신비로웠다.
살아 있다는 놀라운 현상을 나는 경험하고 있고, 부족한 내

가 험한 세상을 살아 내고 있다는 놀라운 능력에 감사했다. 감사를 배워야 한다고 믿었다. 살아갈 힘이 감사에서 왔기 때문이었다. 그래서 감사했다.

감사하는 마음으로 마음 밖에 피는 꽃을 마음으로 받아들였더니 마음 안에도 꽃이 피었다. 신기했다. 세상은 마음으로 만들어지는 걸 보았다. 행복한 사람은 행복한 이유가 있었다. 행복한 이유 중 가장 중요한 것은 행복하다고 생각해야 한다는 진실이었다. 큰 걸 배웠다. 그대로 했다. 행복이 찾아 왔다.

어느 날 삶이 말을 건네며 찾아 왔다.
"삶은 마음 농사야."

"무슨 뜻이니?"

"따뜻한 마음을 심으면 따뜻한 마음이 찾아와."

"정말?"

"그럼."

너무나 당연한 걸 묻는다는 목소리로 말했다.

"마음 안에 슬픔도 내가 받아 들여서 슬픈 거야. 해바라기 씨 같은 거야. 해바라기 씨를 심으면 해바라기 꽃이 피듯이."

"우와. 신기하다"

"너도 해봐!"

두발로 박사를 만나면 행복해진다. 토토새를 만나면 인생이 넉넉해진다. 믿어도 된다. 인생이 두 번 행복해지는 책이다. 두발로 박사를 만나서 행복해지고, 두발로 박사를 읽고 나서 행복해지는 책이다.

인생을 춤추게 하라

목 차

두발로 박사와 토토새

1. 산다는 건 일어서는 거야

들길을 따라 두발로 박사는 끝없이 걸었다. 키 작은 풀들이 들어찬 들판에는 나무들도 이따금 서 있었다. 두발로 박사는 연구소를 나와 며칠째 걷는 중이었다. 두발로 박사는 연구소에서 설계도면을 분석하고 철판 조각을 오려 붙이고 컴퓨터로 작업을 할 때는 정밀한 부분을 만드느라 정신없이 밤을 며칠씩 새우기도 했다. 두발로 박사는 실내에서 연구만 하다 보니 세상의 바깥일들이 궁금했다. 그리고 들판을 걷는 것이 부러웠다. 처음으로 많이 걷는 것이었지만 즐거웠다. 사람들을 만나고 싶었다. 그리고 세상 구경을 하고 싶었다. 두발로 박사는 맨발이었다. 맨발의 감촉을 느끼고 싶었다. 맨발에 느껴지는 물기 젖은 땅과 풀들의 소리를 듣는 것만 같았다. 귀가 하나 발바닥에 달린 것 같았다.

두발로 박사의 어깨 위에는 새가 한 마리 앉아있었다. 연구소를 나와서 처음으로 만난 앵무새인데 같이 여행을 떠나기로 약속한 토토새였다.

－걷지만 말고 쉬었다 가.

길을 걷고 있는데, 들판에서 소리가 났다.

아무것도 보이지 않았다. 토토새가 말을 했나 쳐다보았으나, 토토새도 신기한 세상을 둘러보느라 정신이 없었다.

－여기를 봐. 어디를 보는 거야?

　　풀밭에서 나는 소리였다. 몸을 낮추고 가만히
귀를 기울였다.

　　―여기야.

　　―응, 너였구나.

　　풀밭에 핀 꽃이었다. 빨간 꽃이었다. 정말 예쁜 꽃이었다.

두발로 박사는 기계를 만들거나 설계도를 만드는 일에는 최고였으나, 자연이나 생물들과는 만날 기회가 거의 없었다. 더군다나 꽃 이름이나 나무 이름, 새나 물고기들의 이름은 알지 못했다. 혼자서 발명 특허를 14개나 받았고, 그 밖에 여러 가지의 발명을 했지만 두발로 박사는 세상을 어떻게 살아야 하는가에 대해서는 거의 알지 못했다.

두발로 박사는 몸을 낮춰 귀를 가까이 가져다 댔다. 키가 작은 꽃과 이야기를 하려면 몸을 낮춰야 한다. 그래야 꽃이 하는 이야기를 들을 수 있었다. 두발로 박사는 무릎을 굽혀 앉았다. 그래도 눈높이가 맞지는 않았지만, 꽃과 이야기를 할 수 있었다.

─몸만 낮추어서는 안 돼. 대화할 때는 마음의 높이를 먼저 맞추어야 하는 거야.

─으, …으응.

두발로 박사는 빨간 꽃의 말에 조금은 당황해서 엉거주춤 대답했다.

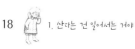

1. 산다는 건 잊어서는 거야

-너는 어디를 그렇게 가고 있니?

-응. 나는 여행을 시작했어. 여행에서 처음으로 너를 만난 기고.

빨간 꽃의 물음에 두발로 박사가 말했다.

-내게는 영광이구나. 처음이라는 말에서는 희망의 냄새가 나거든.

-나도 너를 만날 수 있어서 반가워.

빨간 꽃의 말에 두발로 박사도 반가움을 전했다.

-너도 나와 같이 인생의 반란을 꿈꾸고 있구나.

-인생의 반란이라니?

-자신을 이 세상에 세우는 일이 반란이지.

빨간 꽃이 조금 이해하기 어려운 말을 했다.
무슨 뜻인지 알 수는 있었지만 두발로 박사는
좀 당황스러웠다. 다른 깊은 의미가 있는 말이
기 때문이었다.

-그, 그렇기는 하지.

두발로 박사는 얼떨결에 대답했다.

─너는 인생을 홀로서기 위해 여행을 떠나고, 나는 수평의 들판에서 수직으로 일어서는 것이 반란이지.

─홀로서기를 위해서만은 아니야.

빨간 꽃의 말에 두발로 박사가 조그마한 소리로 이의를 제기했다.

─그럼?

빨간 꽃은 의외라는 듯 물었다.

─나는 여행을 하는 건 맞지만, 우리 엄마가 내게 남긴 편지를 보고 떠날 결심을 한 거야.

─그게 뭔데?

─우리 엄마는 나를 낳고 돌아가시기 전에, 내게 편지를 하나 써 놓고 돌아가셨는데, 얼마 전 그 편지를 이모한테서 건네받았거든.

─…

빨간 꽃도 토토새도 두발로 박사의 죽은 엄마가 두발로

박사를 위해 쓴 편지라는 말에 슬퍼졌다. 빨간 꽃은 괜히 그런 말을 꺼내도록 한 것이 미안하기도 했다.

　─그 편지에, 사람들은 어느 별에선가 착하게 산 보답으로 상을 받았는데, 그 상이 지구여행 티켓이라고 하셨어.

　─…?

　─…?

　빨간 꽃과 토토새의 반응에 상관없이 두발로 박사는 이야기를 계속했다.

　─우리가 태어난 것은 축복인 셈이지. 상품으로 받은 것이 지구여행권이고, 그것이 바로 탄생이야. 우리는 지금 지구를 여행하는 중이야. 세상의 모든 엄마는 자식의 여행을 위해 몸을 빌려준 거라고 하셨어. 그래서 모든 엄마는 여행안내자인 거지. 슬퍼할 시간에 여행을 더 많이 하라고 하셨어.

빨간 꽃과 토토새는 듣기만 했다. 엄마가 일찍 돌아가신 것을 두발로 박사가 너무나 진지하게 이야기해서 내 생각도 같다고 맞장구를 칠 수가 없었다.

—그래서 태어나기 전 세상으로 다시 돌아가기 전에 이 세상을 둘러보아야 한다고 했어. 많은 것을 보고 많은 것을 느껴야 한다고 했어. 우리 엄마는 아쉽게도 날 낳고 얼마 되지 않아 돌아가셔서 여행을 많이 못하셨기 때문에 내가 대신 여행을 많이 해야 하는 거야. 이 세상을 많이 보고 나서 우리 엄마를 만났을 때 이 세상 이야기를 해주어야 하거든. 아주 좋아하실 거야.

두발로 박사는 얼굴이 환해져서 말했다.

—너무너무 좋은 생각이야!

빨간 꽃이 말했다.

—그래그래. 정말 좋은 생각이고 멋지다!

토토새도 맞장구를 쳤다.

—나는 우리 엄마 말을 믿어.

－나도 믿어.

－나도 믿어.

두발로 박사의 말에 빨간 꽃과 토토새는 동의했다.

두발로 박사는 좀 전의 빨간 꽃이 한 말이 생각났다. 수평
의 들판에 수직으로 일어선다는 이야기는 알 듯 말 듯 했다.
두발로 박사는 빨간 꽃을 다시 바라보았다. 시는 잘 모르지
만, 시에는 신비가 들어있는 것 같았다. 그래서 빨간 꽃이
혹시 시를 공부한 것은 아닌가 궁금했다.

－너 혹시 시를 쓰니?

두발로 박사가 빨간 꽃에게 물었다. 빨간 꽃이 쓰는 단어
들이 특별했기 때문이다.

－그렇지는 않아. 하지만 홀로 서는 연습을 하다 보면 다

나처럼 되지.

두발로 박사가 멍한 모습으로 바라보자, 빨간 꽃은 이야기를 계속했다.

―다만 나는, 나를 세상에 세우는 중이야. 나무는 인생 전부를 들여서 자신을 일으켜 세우는 걸, 나는 거기에 비하면 초보야.

더욱 이해가 쉽게 가지 않는 말을 했다.

―나무는 원래 그런 거고, 너는 왜 이 세상에 너를 세우려하지?

두발로 박사가 정신을 차리고 물었다.

―산다는 건, 내 키만큼 내 주위를 아름답게 만들 수 있는 거잖아. 내가 서 있는 이 자리를 천국으로 만들기 위해서야.

두발로 박사는 기분이 좋아졌다.

―가만히 생각해 봐. 초록의 풀에서 빨간 꽃은 반란이야. 정착하고 살아가는 사람에게 여행도 반란인 셈이지. 그렇지만 그 반란은 아름다운 반란이어야 해.

─아름다운 반란은 또 뭔데?

두발로 박사가 어이없다는 표정으로 물었다.

─아름다운 반란이란 자신을 아름답게 만드는 거야.

─그렇구나.

두발로 박사는 고개를 끄덕였다. 빨간 꽃의 목소리는 차분했다.

─그럼 어떻게 하면 아름다워질 수 있는데?

─가장 중요한 건 자신을 아름다운 존재라고 생각해야 하는 거야. 이것이 안 되면 어떤 일도 성공할 수 없어. 왜냐면 자신을 사랑하는 사람만이 자신의 아름다움을 바라볼 수 있는 눈을 가지게 되거든.

─눈, 눈이라고 했니?

─그렇지 마음의 눈. 자신을 사랑하는 사람은 눈을 하나씩 가지고 다니지.

－이해할 수 없는데?

두발로 박사가 이해할 수 없다고 하자 어깨에서 토토새가 내려앉으며 한마디 거들었다.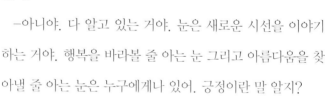

－두발로 박사가 맞아. 어떻게 눈이 또 있을 수 있니?

빨간 꽃은 변함없이 조용하게 말했다.

－아니야. 다 알고 있는 거야. 눈은 새로운 시선을 이야기하는 거야. 행복을 바라볼 줄 아는 눈 그리고 아름다움을 찾아낼 줄 아는 눈은 누구에게나 있어. 긍정이란 말 알지?

빨간 꽃이 두발로 박사와 토토새를 바라보며 물었다.

둘은 고개를 끄덕였다.

－긍정은 이성에 온기를 담은 거야.

－?

－?

─이성은 세상을 판단하는 능력이잖아. 그런데 거기에 따뜻함을 담으면 긍정이 되는 거지. 사람의 피가 뜨겁지도 않고 차갑지도 않은 따뜻한 온도거든. 그만큼의 온도가 세상을 이해하는 온도야.

─아냐, 나도 그래.

토토새가 날개를 펄럭이며 말했다.

─너는 어떻게 그런 것까지 아니?

─생각하고 바라보면 보이잖아. 여행은 눈을 하나 찾으러 가는 것이지만, 산다는 건 귀를 크게 해야 하는 거라고 나는 생각해.

─너는 어려운 걸 아주 쉽게 말하는 재주가 있구나.

두발로 박사는 꽃에 감사했다. 어쩌면 가장 중요한 것을 배웠는지도 모른다고 생각했다. 기분이 좋아졌다.

─어어, 어….

그때 두발로 박사의 다리가 길어지기 시작했다. 두발로 박사의 얼굴엔 당황하는 빛이 역력했다. 다리가 길어져서 옆에 서 있던 물푸레나무의 키만큼 되었다. 토토새와 빨간 꽃도 바라보기만 할 뿐 어쩔 도리가 없었다.

　-어, 정말로 신기하다. 사람이 이렇게 순식간에 커지다니?

　빨간 꽃도 놀라서 눈이 휘둥그레졌다.

　-놀라지 마. 내가 이유를 설명해 줄게.

　두발로 발사도 말은 그렇게 했지만 목소리에는 두려움이 있었다.

－실험실에서 화학실험을 하다가 실수를 해서 몸에 이상이 생겼어. 큰 깨달음을 얻었다고 느껴지면 내 다리가 늘어나게 되어있어. 다시 평상심을 찾으면 원래 상태로 돌아오지. 걱정 안 해도 돼.

－그렇다면 내 이야기에 감동했다는 거야?

빨간 꽃은 목소리를 높여 물었다. 두발로 박사가 키가 커져 있어 너무 멀게 느껴졌기 때문이었다.

－그래, 내게는 다리가 길어지는 것이 힘든 일이지만 한편으로는 기쁜 일이지. 무언가를 배웠다는 것이거든. 꽃아, 고마워.

－참 신기하다.

토토새도 놀란 마음이 아직 진정되지 않은 목소리로 말했다.

－계속 이야기해. 달라진 것은 키가 커진 것 외에는 변한 것이 없어.

－아니야. 나는 네가 고마워.

빨간 꽃이 말했다.

−뭐가?

두발로 박사가 신이 나서 말했다.

−내 이야기를 들어준 것은 네가 처음이거든. 모두가 빨리만 달려가는 것들뿐이었지. 속도를 늦추어야 보이는 것들이 있지. 진정 소중한 것은 자세히 보아야 하거든. 하지만 속도에만 관심이 있는 동물들뿐이야. 특히 사람이 그래.

빨간 꽃이 이야기해놓고는 갑자기 생각난 듯 물었다.

−근데 네 이름이 뭐야?

−두발로 박사야.

−두발로라고?

−응, 우리 엄마가 두발로라고 지었대.

−왜 두발로 인데?

−사람이 태어난 이유는 지구를 여행하는 것이라고 했잖아.

−그랬지.

－그래서 이 세상을 여행하기 위해서는 두 발이 제일 중요하잖아. 그래서 두발로라고 이름을 지었대.

－이름이 진짜 재미있다.

－정말 그렇게 생각해? 고마워. 너의 말에서는 향기가 나. 칭찬하는 말에는 향기가 들어있나 봐.

두발로 박사는 자신의 이름을 잘 이해해 주는 빨간 꽃이 고마웠다.

－이렇게 오래 머무르기엔 갈 길이 멀어!

어깨 위에 앉아있던 토토새가 한곳에 너무 오래 머무르는 것에 더 참을 수 없다는 듯이 말을 가로챘다.

두발로 박사는 빨간 꽃과 더 이야기하고 싶었지만 토토새의 재촉이 계속되어 일어날 수밖에 없었다.

－우리는 이제 가봐야 해.

－그래. 고마웠어. 자신을 진정 사랑하면 다른 것들도 사랑할 수 있게 되지! 슬픔으로 남을 사랑하면 슬픔이 전달되거든. 자신을 사랑하는 날이 가장 행복한 날이야. 두발

로 박사도 이번 여행 중에 그렇게 되기를 바라. 나도 기도
해 줄게.

　－고마워.

　－내가 한 가지만 이야기 더 해줄게.

　－뭔데?

　두발로 박사와 토토새가 귀를 세웠다.

　－진짜 중요해서 흘러버릴 수 있지만 어려울 때마다 떠올
려봐.

　－토 달지 말고 말해 봐. 사설이 길어.

　토토새가 말을 끊었다.

　－행복해지는 방법이 있는데, 그건
… 행복하다고 생각하는 거야.

　－말도 안 돼.

　토토새가 다시 반기를 들었다.

　－행복의 조건은 여러 가지가 있어.
돈, 명예, 권력, 명성 그리고 좋은 옷

과 맛있는 음식도 있지. 하지만 행복하다는 생각이 어디에서 왔는가 생각해 봐.

빨간 꽃의 말의 의미를 알 듯 모를 듯했다. 두발로 박사도 빨간 꽃에게 진심으로 고마움을 전했다. 빨간 꽃도 진심으로 둘의 멋진 여행을 기원했다. 코끝이 간지러웠다. 꽃향기가 풍겨서였다. 긍정을 품으면 아름다움뿐 아니라 향기까지 생기는 것 같았다.

두발로 박사와 토토새는 다 같이 세상에 대해 알고 싶은 것이 많았다. 한곳에 오래 머물기엔 다른 것에 대해 알고 싶은 것이 너무 많았다. 그래도 두발로 박사는 빨간 꽃에게 더 많은 것을 배우고 싶었다. 두발로 박사의 늘어났던 다리는 줄어들어 어느새 정상으로 되어있었다.

─다음에 또 볼 수 있으면 좋겠다.

두발로 박사가 아쉬움을 담아 말했다.

─여행자에겐 다음 약속이란 없는 거야. 여행자에겐 늘 새로운 길이 놓여있을 뿐이지. 이별에 익숙해져야 하는 것이

여행자거든.

─너는 어떻게 한곳에만 머물러 있으면서도 그렇게 많은
것을 아니?

빨간 꽃의 이야기에 조금은 퉁명스러운 어투로 토토새가
끼어들었다. 자신의 날개를 흔들며 푸른 하늘을 언제라도
날아갈 수 있다는 몸짓이었다.

─세상을 이해하는데 몸으로 깨달을 수 있는 것은 얼마
되지 않아. 성자가 세계 일주를 해서 깨달음을 얻는 것이 아
니지. 머무는 자가 깨닫고, 걷는 자는 경험을 얻는 거야. 그
래서 깨달으려는 자는 면벽을 하는 거야.

빨간 꽃은 차분하게 말했다.

─면벽이 뭔데?

토토새는 전혀 이해할 수 없다
는 표정이었다. 빨간 꽃은 개의치
않고 말을 계속했다.

─면벽은 깨닫기 위하여 벽만을

바라보고 수행을 하는 거지. 크게 깨달은 사람이 면벽하고 있는 것이 그 이유야. 성자는 한자리에 머무는 것이 더 현명한 것을 알고 있지. 그래서 성자들은 한곳에 앉아서 생각하는 거야. 살아있는 생명체에는 또 다른 우주가 들어있거든. 우주와 만나려면 마음의 소리를 들을 줄 알아야 해.

빨간 꽃은 조금은 단호한 목소리로 말했다.

토토새는 기운이 쏙 빠진 표정으로,

─작은 몸 안에 어떻게 우주가 들어가니?

라며 대꾸를 했다.

─아니야. 빨간 꽃의 말이 맞는 것 같아. 내가 읽은 책에서 예수나 석가도 자신의 나라를 벗어난 적이 없었어. 칸트라는 철학자는 자신의 마을을 벗어나 본 적이 없다고 했어. 깨달음은 마음의 일이야.

두발로 박사의 말에도 토토새는 받아들일 수 없다는 표정으로,

─그래도 직접 가봐야 알 수 있고, 눈으로 직접 본 것이 확

실한 거야.

　라며 말을 흐렸다.

　빨간 꽃과 이별하고 두발로 박사와 토토새는 걸었다. 걸
어도 걸어도 들판은 끝이 없었다. 한참을 더 걸어가서야 산
이 보이기 시작했다. 숲도 보였다. 한참을 걸었기 때문에 땀
이 흐르기 시작했다. 시원한 그늘과 시냇물도 만날 수 있다
는 기쁨으로 길을 재촉했다.

　길이 끝나면 새로운 길을 만들어서 갔다. 어차피 빨간 꽃
이 이야기한 것처럼 새로운 세상을 찾아가는 것이 반란이라
면 길이 끝나는 것을 두려워할 필요는 없었다. 길이 끝나는
곳에는 새길이 만들어지기
를 기다리고 있었다.

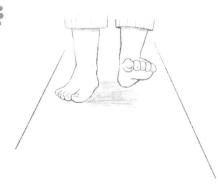

2. 나무가 되고 싶은 사람을 만나다

길이 끝나 새로 길을 만들며 가야 했다. 나무와 풀들이 가득했다. 숲을 헤치며 가는 길에 사람이 서 있었다. 그 사람은 꼼짝도 하지 않고 눈을 감고 서 있었는데 어떻게 보면 망부석 같기도 했다.

　─어, 아저씨는 왜 그렇게 꼼짝도 하지 않고 서 있어요?

두 발을 땅속에 묻고서 움직이지 않았다. 두발로 박사는 궁금해 다가가서 물었다.

─나는 나무가 되고 싶어서 서 있는 거야.

아주 조그만 소리로 이야기했다.

─그렇게 서 있으면 나무가 될 수 있어요?

두발로 박사의 신기한 광경을 보는 눈초리에는 궁금함이 넘쳐났다.

─그럼, 간절히 소망하는 것은 이루어진단다. 사람들이 행동으로 옮기려는 용기가 부족해서 못하는 것뿐이란다.

두발로 박사가 여행을 떠나서 처음으로 만나는 사람이었는데, 두발로 박사는 더욱 신기해서 고개를 갸우뚱했다. 두발로 박사는 자신이 되고 싶은 것을 해보지 않은 것을 후회했다. 지금이라도 여행을 떠나게 된 것이 참 다행이라고 생각했다. 두발로 박사는 여행을 떠나기 전에는 사람이 하고 싶은 일을 대신해 주는 로봇을 만들려고 연구실에서 연구만 했었다.

흙을 파고 자신의 두 발을 땅에 묻고 서 있는, 나무가 되고 싶은 사람은 어떻게 보면 벌을 받는 자세 같았다. 짧은 바지에 커다란 모자를 쓰고 있었는데, 모자는 태양 빛을 가리려고 쓰고 있는 것 같았고 짧은 바지는 다리에 난 털하고 잘 어울리지 않았다.

─아니야, 저 아저씨는 벌 받는 거야.

토토새가 재미있다는 듯이 날개를 퍼덕이며 말했다.

—아니야, 넌 또 누구냐?

—나는 두발로 박사 친구야. 나는 세상 모든 일을 누구보다도 많이 알지. 그런데 아저씨는 죄를 짓고 벌 받는 게 맞아.

토토새는 자신 있게 말했다.

나무가 되고 싶은 사람은 기분이 언짢았지만 참았다. 그리고 토토새는 두발로 박사에게 꼬박꼬박 박사라는 호칭을 붙여주었다. 그것은 토토새의 진심이었다. 두발로 박사 같은 사람은 박사가 되고도 남는 능력과 지식을 가지고 있다고 생각했다. 토토새는 노인들이 사는 요양소에서 할아버지, 할머니들과 생활하다 나온 앵무새라 다른 나라 세상도 많이 알고 있었다. 엉뚱한 지식까지 알고 있었다. 그렇다고 다 알고 있지는 않았지만 한 번 우기면 끝까지 우겼다. 그리고 토토새는 한 번도 잘못을 시인한 적이 없었다.

—네가 뭘 안다고 그래. 너는 몇 살이냐?

나무가 되고 싶은 사람이 화를 내며 말했다.

－나는 일곱 살이다. 사람으로 치면 일흔 살은 되는 셈
이지.

토토새는 자신 있게 말했다.

－그런 게 어디 있냐? 일곱 살이면 일
곱 살이지.

나무가 되고 싶은 사람도 비웃듯이 말
했다.

둘이 싸우는 것을 바라보다 두발로 박사가 말을 끊었다.

－아저씨는 얼마 동안 이렇게 땅속에 발을 묻고 서 있었어
요?

－나는 이제 한 달이 넘었단다. 조금만 더 참으면 나는 나
무가 될 거야.

－아저씨는 심심하지 않으세요? 나는 세상을 구경하려고
연구실에서 뛰쳐나왔는데 아저씨는 왜 움직일 수 없는 나무
가 되려고 해요?

두발로 박사는 정말 궁금했다. 한곳에 오래 머물러도 지

루한데, 왜 한곳에서 꼼짝도 못 하는 나무가 되려고 하는지 궁금했다.

─깊은 내면으로 들어가고 싶어서 그래. 사람에겐 자존이 중요한 거야. 자기 자신을 존경하는 마음을 자존이라고 한단다. 일어서서 살면서 깊은 침묵으로 들어가는 거야. 그러면 세상이 환하게 열릴 거야.

나무가 되고 싶은 사람은 확신에 차 있었다. 목소리에는 힘이 들어가 있었다. 분명 자신이 자랑스럽다고 생각하고 싶은 것이 틀림없었다.

─자존은 순간의 깨달음에서 오는 거야!

토토새는 나무가 되고 싶은 사람의 말에 반대했다. 토토새의 목소리에도 자신이 있었다. 요양원에 있을 때 여행을 많이 했고 세상에 대해서도 많이 아는 기복이 할아버지가 이야기한 것을 떠올리고 한 말이었기 때문이었다. 기복이 할아버지는 깨달음은 나이와 상관없다고 했다. 어느 순간에 나무망치로 한 대 뒤통수를 맞은 것처럼 순간에 깨달음

이 온다고 했다. 아하, 하는 감탄사처럼 온다고 했다. 그것
은 아무에게나 오는 것이 아니고 준비된 사람에게만 온다고
했다. 토토새가 아주 자신 있게 이야기한 것은 그러한 이유
가 있었다. 토토새는 양로원에서 들은 이야기를, 때를 가리
지 않고 해서 당황하게 하곤 했다.

나무가 되고 싶은 사람의 얼굴이 일그러지는 것을 보고
두발로 박사는 둘의 다툼을 막아
야 했다. 얼른 둘의 말 사이로 끼
어들었다.

-아저씨, 그냥 서 있기만 하면
나무가 될 수 있어요?

-그렇단다. 간절하게 소원하면 이
루어진단다.

나무가 되고 싶은 사람의 목소리는
금세 누그러졌다. 두발로 박사에겐
아주 친절하게 대답했다.

-사람은 나무와 가장 비슷한 동물이지. 서서 사는 동물은 사람밖에 없거든.

두발로 박사는 동의할 수 없었지만, 나무가 되고 싶은 마음을 위해 손뼉을 치며 응원해 주었다.

-그렇게 될 수 있을 거예요. 분명히 될 수 있어요.

-나도 그렇게 믿고 있단다. 간절한 것은 모두가 이루어지거든.

두발로 박사의 적극적인 동의에 나무가 되고 싶은 사람도 더욱 마음을 다지며 말했다.

계절이 여름이라 주위에는 꽃이 피어있었다. 참 아름다웠다.

두발로 박사는 언뜻 좋은 생각이 떠올라 신이 나서 이야기했다.

-아저씨, 꽃이 되면 어때요?

-그래, 꽃이 더 아름답겠다.

어깨 위에 앉았던 토토새가 끼어들

며 참견했다.

─아니야, 꽃도 좋지만 나는 나무가 되고 싶어. 나무는 깊은 생각 속으로 들어갈 수 있는 능력을 갖추고 있어. 내 의지도 벗어버리고 자연에 몸을 맡기면 세상은 하나씩 문을 열고 내게 다가올 거야. 그때야 비로소 생명의 소리를 들을 수 있는 거지. 얼마나 황홀할까?

나무가 되고 싶은 사람의 목소리는 아주 숙연하고 얼굴도 생각에 젖은 사람 같은 표정이었다. 잠시 생각에 젖어 쉬었다가 다시 말을 이었다.

─이 세상의 생명들이 마음의 창문을 여는 상상만 해도 흥분되지.

두발로 박사는 이해가 되지 않았다.

─마음의 문을 열고 이야기한다고 해서 뭐가 달라지는데요?

─너는 너무 어려서 몰라.

너무 어려서 너는 모른다는 말에 두발로 박사보다 토토

새가 더 화가 나서 나무가 되고 싶은 사람의 말을 끊으며 말했다.

─어리긴 뭐가 어려. 그리고 어려도 알 수 있는 건 다 알 수 있어. 우리 두발로 박사는 천재거든.

토토새는 한 번도 존댓말을 쓴 적이 없었다. 자신보다 나이가 훨씬 많은 사람에게도 반말을 했다. 나무가 되고 싶은 사람에게도 마찬가지였다. 자신의 나이를 일흔 살이라고 생각하며 살았다. 그렇지만 토토새는 두발로 박사에 대한 존경심이 컸다. 그래서 토토새는 두발로 박사를 무시하는 말은 그냥 넘어가지 않았다.

─세상을 지식으로 바라보면 생명을 못 보지. 생명을 바라보는 훈련이 필요한 거야.

나무가 되고 싶은 사람도 지지 않고 대들듯이 이야기했다.

두발로 박사는 생명을 보는 훈련이란 말의 뜻을 이해할 수는 없었고 어렴풋이 짐작할 뿐이었다.

─아저씨는 언제 나무가 될 수 있을 거 같아요?

─한 달 후일 수도 있고 어쩌면 일 년이 걸릴지도 몰라.

─그럼 그렇게 오랫동안 이렇게 서 있을 거예요?

두발로 박사는 의아해서 물었다.

─그럼, 무엇이 되고 싶다는 것을 이루는 것은 힘든 거야. 쉬우면 누구나 그렇게 되었을 거야. 그렇지만 나처럼 간절히 기도하면서 실행하는 사람은 없지.

나무가 되고 싶은 사람은 입으로만 이야기했다. 가능하면 얼굴에 표정도 나타내지 않으려고 했다. 조금이라도 빨리 나무가 되고 싶었기 때문이다. 두발로 박사는 나무가 되는 것을 보고 싶었지만 기다리고 있을 수가 없었다.

─아저씨. 여행하다가 다시 찾아올게요. 나무가 되어있으면 내가 물도 줄게요.

─그래. 고마워. 사람은 산 만큼은 아름다워져야 하는 거야. 아니면 산 세월만큼 깊어지든가.

나무가 되고 싶은 사람은 꼼짝도 하지 않고 말했다. 이별

이 섭섭한지 나무가 되고 싶은 사람은 두발로 박사와 토토
새를 한참 바라보다 말했다.

　—여행은 자신을 사랑하는 사람이 자신에게 돌아오기 위
해 떠나는 거야.

　—자신을 사랑하는 사람이 떠난다고요?

　—돌아오기 위해 떠난다고?

　두발로 박사와 토토새는 의아한 표정으로 나무가 되고 싶
은 사람의 말을 되풀이했다.

　나무가 되고 싶은 사람은 둘의 반응에 아랑곳하지 않고
이야기를 계속했다.

　—그럼. 여행은 새로운 시선을 가지기 위해 떠나는 거야.
눈 하나를 더 갖는 거지.

　—눈 하나를 더 갖는 거
라고?

　두발로 박사가 고개를
까우뚱했다.

─세상이 달라 보이니 눈 하나를 더 갖는 거지. 여행에서 돌아올 때는 가슴에 깨달음의 큰 돌덩이가 쿵, 하고 떨어지는 소리를 들어야 하는 거야.

─가슴속에 쿵, 하는 소리가 난다고? 거의 미친 수준이군.

토토새가 말도 안 된다는 듯이 말했다.

─여행 목적지는 언제나 여행을 준비하는 자리인 거야. 왠지 알아? 돌아오기 위하여 떠나는 것이라고 했잖아. 떠날 때의 자신과 여행에서 돌아왔을 때의 또 다른 자신이 만나는 거지. 그때 깨달음의 천둥소리는 아닐지라도 아하, 하는 깨우침이 있어야 하는 거지.

이 말은 두발로 박사가 듣고 싶은 이야기였다. 자신의 연구소 벽면에 크게 써 붙일 생의 지침이 될 멋진 말을 걸어놓고 싶었다. 세상을 돌아보고 깨달은 후에 가장 멋진 잠언이나 경구 같은 것을 찾아서 연구소에 걸어 놓으면 많은 사람이 손뼉을 쳐줄 것 같았다. 그것은 하고 싶은 일의 일부분일 뿐이고 사실은 세상을 직접 몸으로 겪어보고 큰 세상을 알고 싶었다. 엄마가 이모를 통해 나에게 전해주라고 준 편지를 받아서 읽은 후에 완전히 생각이 달라졌다.

연구소 밖의 일들이 진정으로 궁금했다. 다르게 살아가는 사람들은 다르게 살아가는 이유가 있을 것이라는 생각이 들었다. 그것이 알고 싶었다. 또 사람들의 생각과 삶의 방식이 다르겠지만 전체를 하나로 꿰어놓는 진리가 있을 거라는 것을 믿었다. 그것을 찾아 떠난 여행이었다.

인생을 이렇게 살아야 한다는 이야기를 할 때면 두발로 박사는 그런 경험이 없었기에 할 말이 없었다. 이제 11살 어린 나이이기도 하지만 가정을 가져본 적이 없었고 학교에 다녀본 적도 없었다. 그렇지만 발명하는 데에는 그 누구도 따라오지 못했다. 그래서 연구소 소장이 된 것이었다. 세상은 연구만 해서 발명왕이 된다고 해도 사는 것에는 또 다른 무엇이 있음을 알았다.

두발로 박사는 여행 준비를 했다. 엄마의 말씀대로 지구 여행은 멋있는 여행이 될 거로 생각했다. 준비하는 동안 많

 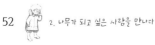

은 것을 공부하고 책을 사다가 연구했다. 며칠을 걸어도 지치지 않는 튼튼한 발을 만들기 위해서 자신이 만든 로봇이 에너지가 고갈될 때까지 연구소 내를 함께 걷기도 했다. 먹지 않고 생활할 수 있는 약도 만들었다. 한데 실수로 혼합 비를 잘못해서 약에는 부작용이 있었다. 감동하였을 때는 다리가 쑥쑥 길어지는 문제점을 가지게 되었다. 그리고 헤어질 때 행복한 마음으로 헤어지지 않으면 그 주위 사람들이 넘어지게 되어있었다. 자신의 다리

가 길어지거나 넘어지는 것은 괜찮 은데, 주위 사람들도 넘어지게 되 어있는 것은 받아들이고 싶지 않았다. 그러나 어쩔 수 없었 다. 부작용을 해결할 시간이 없었다. 여행을 미룰 수가 없 었다. 이미 오래 준비했고 마 음이 달아있었다. 그러면서도

두발로 박사는 그 문제만큼은 자신이 있었다. 웃으면서 헤어지는 데에는 자신이 있었기 때문이었다.

　─아저씨, 한 달 후에는 발가락에 뿌리가 나기 시작할 거예요.

　─너는 그걸 어떻게 아니?

　나무가 되고 싶은 사람은 신이 나서 말했다.

　─그냥 그럴 거라는 생각이 들었어요.

두발로 박사의 위로의 말에 나무가 되고 싶은 사람의 얼굴이 밝아졌다.

ㅡ그래, 고마워. 지금 내게는 위로가 필요하단다.

떠나려는 두발로 박사에게 나무가 되고 싶은 사람은 꼭하고 싶은 이야기라며 새겨들으라면서 말했다. 아주 진지했다. 너무 진지해서 조금은 울상인 것처럼 느껴졌다.

—시간을 낭비하지 마. 사람은 미완성으로 만들어졌기 때문에 사람이 산다는 건 완성을 위해서 한 계단 한 계단 오르는 것이어야 하는 거야.

— …?

두발로 박사와 토토새는 무슨 말인지 몰라 귀를 기울였다.

—완성의 목표는 사람마다 다르지만, 시간을 낭비하지 마. 세상에서 가장 큰 죄가 시간을 낭비하는 거야.

—세상에서 가장 큰 죄가 시간을 낭비하는 거라고요?

두발로 박사가 되물었다.

—그렇지. 시간을 낭비하는 건 인생을 낭비하는 것이거든.

—그럼 어떻게 살아야 하는데요?

—무엇을 하는가는 중요하지 않아. 살아있을 때 살아야 해. 산 것처럼 살아야 하는 거지. 인생이 지루하다면 죽어도 좋아.

인생이 지루하면 죽어도 좋다는 너무나 단호한 나무가 되고 싶은 사람의 말에 머리카락이 쭈뼛했다.

-진짜로 웃긴다. 살아있을 때 살아야 한다는 말이 참 웃긴다.

토토새가 날개를 파닥거리며 말했다. 파란 하늘에 구름이 떠 있었다. 맑은 날이었다.

나무가 되고 싶은 사람은 더는 말을 하지 않았다. 토토새의 말에 기분이 상했다. 말이 없는 나무가 되고 싶은 사람 옆에 계속 있을 수가 없었다. 아무 말도 하지 않아서였다. 나무가 되고 싶은 사람과 헤어졌다. 시간이 되면 다시 한번 찾아오겠다고 마음으로 다짐했다. 간절하면 이루어질 수 있다는 말을 확인하고 싶었다.

두발로 박사는 주머니에서 이번 여행에서 처음으로 이용하려 로패시를 꺼냈다. 많이 걸었기 때문에 조금은 지쳐있었다. 로패시는 두발로 박사의 친구였다. 연구소에서 만든 로봇이었다. 두발로 박사는 원하는 것은 무엇이든 척척 해주는 로봇을 만들고 싶었다. 그러나 실패한 로봇이었다. 전혀 성과가 없었던 것은 아니었다. 지금 주머니 안에 있는 로패시도 그 결과물이다. 두발로 박사는 원하는 것을 모두 해주는 로봇을 만드는 데에는 실패했지만 자기가 가고 싶은 곳을 데려다줄 수 있는 로봇을 만드는 데에는 성공했다. 몇 가지 문제는 있었지만, 이번 세계여행을 하는 데에는 아주 필요한 로봇이었다. 로패시는 두발로 박사가 여러 번 실패하고 나서 화가 났을 때 지은 이름이었다. 실패로 만들어졌다는 의미에서 '실패로'라고 처음에는 지었다. 실패로라고 그냥 부르기에는 이름이 좋지 않아서 순서를 뒤집어놓은 '로패실'에서 마지막 글자의 받침을 빼버린 이름이 '로패시'였다. 그럴싸했다.

로패시는 이번 여행에서 가장 중요한 역할을 할 것이 틀림없었다.

두발로 박사는 어디로 갈까 생각했다. 걷기에는 지쳐있었다. 가능하면 걷지만 지치고 힘들 때는 로패시를 이용하려고 데리고 왔던 것이다. 두발로 박사는 로패시를 불기 시작했다. 로패시는 실패한 로봇이라 고무풍선같이 입으로 불어야 했다. 고무풍선보다 커서 불기에 여간 힘든 게 아니었다. 두발로 박사는 힘껏 불었다. 고무풍선처럼 커졌다. 둘이 올라탈 만큼 커졌다. 로패시는 사람의 마음을 읽는 특별한 능력이 있어서 말로 하지 않아도 원하는 곳으로 데려다주었다.

로패시는 주머니 속에서도 방향을 알려주는 특수기능을 가지고 있었다. 로패시는 아주 특별한 능력과 함께 아주 원시적인 방법에 의존해야 하는 로봇이었다. 첨단기능과 원시적인 방법을 다 가지고 있었다. 모양은

배부른 거북이 모양이었다.

　두발로 박사가 입으로 불어, 로패시의 배를 부르게 한 다음 올라타자 토토새도 함께 올라탔다. 로패시는 하늘로 날아오르기 시작했다. 로패시를 타려면 로패시를 꼭 잡아야 했다. 고무풍선에서 나오는 바람을 이용해 날기 때문에 고무풍선을 놓으면 바람이 빠지면서 제멋대로 방향을 바꾸며 날기 때문이었다. 실패한 로봇이라고 화가 나서 지은 것도 이러한 이유 때문이었다. 로패시를 한 번 타고나면 힘이 빠졌다. 토토새는 로패시를 싫어했다. 그래도 무시할 수는 없었다. 로패시의 신세를 지고 있기 때문이었다.

3. 남에게 주고도 행복한 건 사랑이래

산을 넘고 이제는 바다를 건너고 있었다. 비행기가 바로 옆으로 날기도 했다. 구름은 밑에서 둥둥 떠다니고 있었다. 위에서 아래로, 동쪽으로 가다가 갑자기 우측으로 방향을 바꾸며 예측할 수 없게 날아가지만, 목적지를 향해서 가는 것은 확실했다.

집들이 성냥갑처럼 아주 조그맣게 보였다. 사람들이 모여 사는 모습이 참 아름다워 보였다. 산과 바다, 그리고 육지를 뱀처럼 꾸불거리며 기어가는 강물도 아름다웠다. 강물은 햇빛이 반사되어 보석처럼 반짝이고 있었다.

─두발로 박사는 사랑이 뭔지 알아?

정신없이 날아가고 있는 하늘에서 토토새가 갑자기 물었다.

─아니, 나는 그런 거 아직 몰라.

─사랑은 주는 거래.

─누가 그래?

─나는 다 들었어. 세상을 가장 많이 산 사람들이 모여 있는 곳이 요양소야. 늙으면 찾아오는 그곳에는 나이 든 사람들만 있거든. 할아버지와 할머니들이 그랬어. 산 만큼은 진실에 가까워지는 거야.

토토새는 요양소를 떠올리며 단정적으로 말했다. 그곳에서 있었던 일들을 떠올렸다.

토토새는 이야기도 시작하기 전에 눈물이 핑 돌았다. 요양소에서 있었던 일을 생각했기 때문이다. 자신이 이렇게 두발로 박사와 여행을 하게 된 것은 순전히 끝남이 할머니 덕분이었다. 토토새는 새장에 갇혀 있었다. 그것도 움직이기 힘든 작은 새장에, 앉을 수 있는 나무막대기 하나를 만들어주고는 죽을 때까지 갇혀 살도록 했다. 할아버지와 할머니가 하는 말들을 따라 하면 귀여워해 주었지만 그뿐이었다. 토토새는 갇혀 있어야 했다.

말도 잘하고 귀엽게 놀자 끝남이 할머니가 새장에서 토토새를 꺼내주었다. 그러고는 너는 나처럼 갇혀 살지 말라며 날려 보내 주었다. 끝남이 할머니는 가난해서 여행 한 번 해 보지 못했다고 했다. '이 세상을 살면서 가장 큰 감옥은 가난이란다' 라고 말했을 때 토토새는 무슨 말인지 몰랐다. 끝남이 할머니가 가난은 가진 것이 없는 것을 말한다고 했다. 가지고 있는 것이 없으면 버스나 기차를 타고 어디를 갈 수도 없고 먹을 수도 없다고 했다. 그러면서 끝남이 할머니는 죽으면 새가 되고 싶다고 했다. 훨훨 날아서 세상 구경을 하고 싶다고 했다. 끝남이 할머니는 막내딸 끝남이가 오면 손을 꼭 잡고 놓아주지를 않았다. 끝남이는 이혼하고 혼자 사는데 공장에 다닌다고 했다.

끝남이 할머니는 이런 말도 했다. "가난은 죄가 아니란다. 하지만 죄를 짓지 않고 벌을 받는 것이 가난이란다. 너무 억울하지 않니?" 하지만 토토새는 위로해 줄 말이 없었다. 가난에 대하여 알지 못했기 때문이다. 새장 속에는 늘

먹을 것이 넘쳤다. 갇혀 있는 것이 불편할 뿐이었다. 줄 것
이 아무것도 없는 끝남이 할머니는 한숨만 폭폭 쉬곤 했다.
어쩌다가 떡이라도 남겼다가 끝남이에게 건네줄 때는 너무
나 행복해 보였다.

토토새는 주면서 행복하다는 것이 신기했다. 사람들은 참 이상하다고 생각했다. 가진 게 있으면서도 더 가지려고 하면서, 왜 어떤 때는 주면서 행복해할까 궁금했다. 사람은 참 이해할 수 없는 부분이 있다고 생각했다. 그래도 토토새는 끝남이 할머니를 생각하면서 두발로 박사에게 사랑은 주는 거라고 자신 있게 말한 것이었다.

끝남이 할머니는 기다리는 일이 전부였다. 끝남이가 왔다가 돌아가면 그 순간부터 기다렸다. 끝

남이에게 가고 싶어도 돈이 없었다. 그런 끝남이 할머니가 토토새를 넓은 하늘에서 마음껏 날아다니며 살라고 새장에서 꺼내 날려 보내 주었다.

그 끝남이 할머니가 다른 할머니에게 자주 하는 말이 '사랑은 주는 거야' 라는 말이었다. 다른 할머니들은 고개를 끄덕였다. 분명했다. 그 말이 맞으니까 다 같이 고개를 끄덕인 것이었다. 토토새는 끝남이 할머니만 생각하면 눈물

이 나곤 했다.

　로패시는 갑자기 힘을 잃더니 사막에 불시착했다.

　주머니에서 꺼낼 때부터 지금껏 날아오면서 잘 작동했었
다. 갑자기 힘을 잃고 불시착한 것이다. 로패시는 특별한 기
능을 가진 로봇이었다. 자신을 탄 사람이나 동물이 슬픈 생
각이나 나쁜 생각을 하면 힘을 잃고 작동을 하지 못했다. 희
망의 로봇으로 만들었기 때문이었다. 두발로 박사는 자신이

슬픈 생각을 하거나 나쁜 생각을 하지 않았는데 불시착한 것이 이상했다. 그렇지만 로패시는 정확했다. 누군가 분명히 그런 생각을 가졌기 때문에 온몸에 힘이 쪽 빠져 불시착한 것이었다.

　–왜 로봇이 이래? 목적지가 여기야?

　–아니야. 로패시는 자신을 탄 사람이 나쁜 생각을 하거나 슬픈 생각을 하면 힘이 빠져 날아가지 못하거든.

　토토새의 질문에 두발로 박사는 자세하게 설명해 주었다.

─나는 사람은 아니지만 … 미안해. 내가 그랬어.

토토새가 미안해하며 말했다. 토토새의 눈가에는 눈물이 맺혀 있었다.

─괜찮아. 솔직하면 됐어. 그런데 왜 울어?

─요양원에 있던 할머니 생각이 나서 그래.

─끝남이 할머니구나.

토토새는 고개를 끄덕였다. 토토새에 대한 이야기는 여러 번 들어서 잘 알고 있었다.

불시착한 곳은 사막이었다. 사막은 아름다웠다. 바람과 모래와 돌로 이루어진 산들이 있었다. 곳곳에 선인장들이 키보다 몇 배 되는 것들도 있었다. 참 아름다웠다.

─가질 수 없는 건 더 아름답대.

아름다운 사막의 언덕과 선인장을 보며 세상을 다 산 노인네처럼 토토새가 이야기했다.

두발로 박사는 너무나 신기한 세상에 도착해서 둘러보기에 정신이 없었다. 두발로 박사는 사막이 처음이었다. 책에서는 보았지만, 처음으로 와본 곳이었다. 정말 사막은 더웠고 신비한 세상이었다. 바람이 불 때마다 모래가 물 흐르듯이 물결처럼 바람에 움직였다. 마치 살아있는 것처럼 움직이고 있었다. 참 신기했다. 황금빛 모래들이 끝없이 펼쳐진 것이 너무나 아름다웠다. 키 큰 선인장도 멋있었다. 숲과 들판은 여러 번 보았지만 이렇게 모래가 전부인 세상은 처음이었다.

　－선인장에 왜 가시가 난 줄 알아?

　토토새가 다시 물었다.

　－그럼, 알지. 물이 없는 사막에서는 나뭇잎이 가시로 변해 물의 증발을 막는 거지.

　두발로 박사는 너무나 자신 있게 말했다. 지식이라면 두발로 박사는 자신이 있었다. 11살 나이에 박사학위를 딴 것도 세계 최초라고 했다. 무엇보다 같은 나이에서는 최고로 많은 책을 읽은 사람이 자신이라고 생각할 만큼 책을 많이 읽었다.

─아니야. 선인장의 가시는 비를 부르는 암호야. 안테나인 셈이지.

토토새는 엉뚱한 이야기를 했다.

두발로 박사는 이론에 영 맞지 않는 이야기를 하는 토토새에게 틀렸다고 하지 않았다. 두발로 박사가 모르는 세상의 진실들을 토토새는 많이 알고 있었다. 양로원에서 배운 것이 두발로 박사가 지식으로 배운 것보다 더 훌륭한 것을 여러 번 보았기 때문이다.

─온몸에 전파를 달고 있는 거야. 그래야 일 년에 몇 번밖에 지나가지 않는 구름을 불러 비를 내리게 할 수 있거든.

두발로 박사도 정말 그럴 거로 생각했다. 그래야 사막에서 살아남을 수 있을 것 같았다. 두발로 박사는 토토새를 다시 한번 바라보았다.

─토토새. 너는 어떻게 그런 걸 많이 아니?

 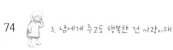

−쉬워. 노인들하고 살면 그렇게 될 수 있어. 노인들은 경험의 창고거든. 경험은 직접 체험한 것이기 때문에 더 정확하다고 했어.

토토새는 정말 많은 것을 알고 있었다. 두발로 박사가 아는 것하고는 다른 것들이었다.

4. 사람은 산 만큼은 아름다워져야 하는 거래

그 때 옆에 서 있던 선인장이 말했다.

─너희들은 어디에서 왔니?

─나는 요양소에서 왔어.

토토새가 먼저 대답했다.

─나는 어떤 별에서 온 거래.

두발로 박사가 신이 난 듯 크게 말했다.

－무슨 말에 그렇게 자신이 없니? 자신이 온 곳을 남의 이 야기하듯 하는 것은 잘못된 거야.

선인장의 말에 아랑곳없이 두발로 박사는 엄마 의 편지를 다시 떠올리며 말했다.

－우리 엄마가 그랬어. 어느 별에선가 착한 일 을 한 상품으로 지구여행 티켓을 받고서 지구를 찾아온 거라고 했어. 지구에 사는 모든 것들은 여행 중이라고 했어. 사람도 동 물도 식물도 그리고 흐르는 물도. 모두 지구를 여행하고 있 는 셈이지.

빨간 꽃을 만났을 때도 같은 말을 했었다. 하지만 두발로 박사는 자신을 다시 설명할 수밖에 없었다. 두발로 박사의 말에 선인장이 못 믿겠다는 듯이 고개를 저으며 말했다.

그렇지만 두발로 박사는 이 말을 할 때면 자신이 행복해지는 걸 느꼈다. 그래서 목소리에 생기가 돌았다.

―너는 엄마의 말을 믿니?

―그럼.

두발로 박사는 너무나 당연하다는 듯이 말했다.

―이 세상의 엄마는 모두 거짓말쟁이인 거 아니?

―그럴 리가 없어.

두발로 박사는 힘주어 말했다.

―엄마는 자기 자식이 모두 최고라고 이야기하지. 그럼 이 세상의 아이는 모두 최고겠네.

선인장의 말에는 의심이 담겨 있었다.

―그래도 나는 우리 엄마의 말씀을 믿어. 사람은 죽으면 다시 우리가 지구여행을 떠나기 위해 티켓을 받던 별로 돌

아가는 거라고도 했어. 몸은 놔두고 그곳으로 간다고 했어. 그곳은 아름다운 별인데, 초록색 별일 거야.

선인장의 의심에도 두발로 박사는 꿈을 꾸는 듯 그곳을 상상했다. 그리고 엄마도 떠올렸다. 엄마의 얼굴을 기억하지는 못하지만 아주 예쁠 거로 생각했다. 나를 많이 보고 싶어 하시지만 아직은 때가 아니라 기다리고 있을 엄마. 여행을 다 마치고 엄마를 만나면 꼭 안아줄 거라고 마음먹었다. 엄마의 따뜻한 품이 그리웠다. 그리고 엄마가 많이 보고 싶었다.

－생각은 자유야. 하지만 나처럼 한곳에서만 사는 식물은 어떻게 하니?

－누구나 별로 다시 돌아가는 거랬어. 죽는 건 자유로워지는 거래.

두발로 박사는 기분이 좋아져서 말했다.

－너는 꿈을 주는 아이구나.

선인장의 말에 토토새가 화를 내며 대들었다.

—두발로 박사는 어린애가 아니야. 박사라고.

선인장은 토토새의 그런 반응에 대응하지 않고 말했다.

—나도 세상을 알고 있어.

선인장이 두발로 박사에게 조금은 오만한 목소리로 말했다.

—한자리에 서 있는 것들은 성자가 될 수 있다고 했어. 나무가 되고 싶은 사람이 그랬어.

토토새가 말했다.

—그러면 너도 나처럼 이 사막에 서 있을 거야?

—그건 아니지.

토토새가 깜짝 놀라 말했다.

—우리는 여행을 통해서 배우려 하지만 선인장 너도 마찬가지로 이유가 있을 거야. 태어난 것들은 태어나는 이유가 다 있는 거랬어.

두발로 박사의 목소리에 힘이 들어갔다. 엄마를 생각하니 더 힘이 났다. 이번만큼은 맞는 말을 하는 것 같았다. 그리고 어른이 된 기분이었다.

－그럴까?

선인장은 힘없이 말했다.

－그럼. 너도 깊은 생각에 잠겨 봐. 그러면 생각이 날 거야.

두발로 박사는 나무가 되고 싶은 사람을 다시 떠올리며 더 신나게 이야기했다.

－그럼 너는 태어난 이유가 뭔데?

선인장의 물음에 두발로 박사는 신이 나게 이야기하다 갑자기 말문이 막혔다.

두발로 박사가 말을 못 하고 멈칫거리자 토토새가 나서며 말했다.

－두발로 박사는 세상을 여행하고 나서 세상에 대해 엄마에게 들려줄 거라고 했어. 그리고 이 세상에 대해 아는 거라고 했어.

토토새가 두발로 박사를 대신해서 요양소의 할머니가 이야기하듯 목소리를 낮춰서 말했다.

-알아서 뭐 하게?

-그만큼 세상을 이해하는 거지.

토토새가 신이 나서 대답했다.

-세상을 이해한다고?

선인장이 다시 물었다.

-그래. 우리처럼 지금 여행을 하면서 보고 듣고 만난 것들이, 그것들이 다 하나의 원리에 꿰어지는 순간이 오지. 하나의 줄에 보석이 꿰어지듯이 진리를 이해하게 될 거야.

-그래 맞아, 꼬치구이처럼 하나의 진리에 모이는 순간이 있을 거야.

토토새의 말에 두발로 박사가 신이 나서 덧붙여 말했다.

-너희들의 말은 정말 어렵다. 이해할 수 없는 말만 하고 있어.

선인장의 말에 토토새는 삐졌다.

-너희들은 세상을 모르는구나. 너희들처럼 자유롭게 배부른 것들은 모르지. 세상은 견디는 거야. 극한을 견뎌내는

거지. 모래바람과 따가운 햇빛 그리고 물이 없는 곳에서.

 -왜 견디지?

 토토새가 삐진 목소리로 물었다.

 -극한을 견뎌봐야 세상의 많은 것을 경험한 것이거든.

 -지나친 고행은 몸만 피폐하게 만드는 거야. 그래서 중도
가 있는 거지.

 토토새는 요양소에서 들었던 이야기를 선인장에 말했다.
두발로 박사는 토토새가 고마웠다. 꼭 그 말이 정답은 아니
었지만 그래도 어느 만큼은 자신이 하고 싶은 말을 대신해
주었다. 두발로 박사는 토토새의 말이 맞는다는 뜻으로 고
개를 끄덕였다.

4. 사랑은 산 만큼은 아름다워져야 하는 거래

두발로 박사는 여행을 마치고 돌아가서는 결정을 해야 할 일이 하나 있었다. 두 가지 가운데 하나를 선택해야 하는데 아주 쉬울 거라고 생각했다.

여행을 마치고 돌아가서 가슴에 두 손을 얹은 다음 한 가지를 선택하면 되는 일이었다. 하나는 다른 사람들처럼 세상을 산 만큼 나이가 들어가는 사람으로 살 수도 있고, 또 하나는 영원히 어린아이의 모습으로 머무를 수 있는 선택권이 있었다. 마음은 어른이 되고 싶었지만, 장난감을 좋아하거나 하늘을 나는 꿈을 꾸거나 하는 것들은 그대로 가지고 싶었다. 그리고 몸은 그대로 어린아이의 몸을 가지고 싶었다. 연구소를 떠나 여행을 시작하면서 연구소 사람들에게 여행을 갔다 와서는 어른이 되어 자랑스럽게 여러분 앞에 서겠다고 선언했기 때문이었다. 어른처럼 수염이 나고 키가 큰 어른이 되거나, 아니면 꿈과 희망이 톡톡 튀는 지금의 마음과 몸을 그대로 가지고 살아야 하는 것을 선택해야 했다. 그것을 선택하는 날이 여행을 마치고 연구소에 도착하는 날이었다.

두발로 박사는 잠시 생각에 잠겨 있었다. 나도 당당하게 어른이 되는 것이 좋을까 지금의 모습대로 사는 것이 좋을까 생각했다. 아직 결정할 시간은 많이 남아있었다.

두발로 박사는 화제를 바꾸었다. 좋은 이야기를 하고 싶었다.

─서서 사는 것들은 꿈꾸는 영혼을 가지고 있나 봐. 나무와 선인장은 세상을 향해 허리를 펴고 있잖아.

두발로 박사가 좋은 이야기를 하자 선인장도 얼굴이 밝아졌다.

─맞아. 선인장과 나무는 인생 전체를 세상에 세워 놓네.

－그렇게 봐주어서 고마워.

선인장이 토토새의 말에 먼저 고마움의 인사를 했다.

－맞아. 내가 요양소에서 배운 것 중에 이것 하나는 잊을
수 없을 거야.

－뭔데?

－뭔데?

두발로 박사와 선인장이 똑같이 크게 물었다.

－세상에서 가장 성공한 것은 행복하게 사는 거랬어.

－에이…

두발로 박사와 선인장은 조금 실망했다. 별로 대단하지
않은 이야기였기 때문이었다.

토토새는 의기소침해져서 말했다.

－할머니 한 분이 계셨는데, 꽃에 물을 주면서 혼자서 노
래도 불러주고 웃어도 주고 그래서 이상하게 생각했었지.
한데 그 할머니가 행복해 보였어. 그래서 내가 물었지.

－뭐라고?

선인장이 더 호기심 어린 목소리로 물었다.

－왜 아무 말도 못 하고 느끼지도 못하는 꽃에 노래를 불러주고 웃어주지요? 라고.

－그랬더니?

역시 선인장이 다시 호기심 어린 눈으로 맞장구치듯이 물었다.

토토새는 힘을 얻은 듯했다. 목소리가 조금 더 자신 있어졌다. 토토새는 자동 응답기처럼 칭찬해 주면 목소리가 점점 커지고 꾸지람을 들으면 목소리가 작아졌다. 늘 그랬다. 그래서 토토새는 금세 자신의 마음을 들켜버리곤 했다.

－할머니가 이렇게 이야기했어. 풀과 나무에 꽃이 피는 것처럼, 사람은 웃음으로 꽃을 피우는 거야. 웃음은 하늘의 마음을 배워온 얼굴이라고 하셨어. 사람이 하늘의 마음을 이해하려면 웃음부터 배우라고 하셨지.

토토새는 목소리까지 할머니의 목소리로 이야기했다. 토토새는 이야기하면서 점점 신이 났다. 두발로 박사는 감동

했다. 꽃이 피어있는 만큼 지구는 그만큼 아름다워졌다는 말에 충격을 받았다. 웃음은 하늘의 마음을 배워온 얼굴이라는 표현이 너무 좋았다. 두발로 박사는 토토새의 이야기를 들으면서 배우는 것도 많았다. 할머니 할아버지의 지혜를 토토새는 많이 들어 알고 있었다. 내가 어떻게 사느냐에 따라 세상이 그만큼 아름다워지기도 하고 추해질 수도 있다는 것을 알려주었다. 세상은 함께 만들어 가는 거였다. 착하게 사는 사람들이 모이면 착한 마을이 되고, 아름다운 사람들이 모여 살면 아름다운 세상이 되는 것을 배웠다.

　―할머니가 한 말 중에 자꾸 생각나는 말이 있어. 산 것이 제일 좋은 거야, 이 말. 이 말을 속으로 외우고 있으면 기분이 좋아지거든. 그 할머니가 늘 웃고 사는 것은, 그 말을 자주 하기 때문이야. 너희들도 한 번 해봐.

　두발로 박사와 선인장은 토토새의 말에 서로를 보고 웃었다.

　―자, 따라 해봐. 산 것이 제일 좋은 거야!

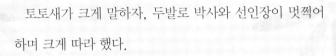

토토새가 크게 말하자, 두발로 박사와 선인장이 멋쩍어
하며 크게 따라 했다.

－산 것이 제일 좋은 거야!

－산 것이 제일 좋은 거야!

소리를 지르고는 셋이 모두 크게 웃었다. 파란 하늘이 까르르 무너져 내렸다. 이상하게 좋은 말을 하니 저절로 웃음이 나왔다. 하늘의 마음은 좋은 것을 좋아한다는 걸 느꼈다.

─근데, 왜 산 것이 좋은 거래?

선인장이 다시 물었다.

─그건 내가 확실하게 답할 수 있어. 나도 선인장 너처럼 질문했었거든.

─그래?

선인장과 두발로 박사가 눈이 동그래져서 물었다.

─식물인간이란 것 알아?

─응.

토토새의 물음에 선인장과 두발로 박사가 합창이라도 하듯이 함께 대답했다.

─식물인간처럼 지금 이 순간 몸은 말을 안 듣고 마음만 있다고 생각해봐.

─그래, 생각했어.

두발로 박사와 선인장은 다시 똑같이 말했다.

─할 수 있는 게 없잖아. 집을 지을 수도 없고, 사람을 만질 수도 없어. 어린아이의 부드러운 살, 맑고 상쾌하게 지나가는 바람결 그리고 사과를 먹어도 맛도 알 수 없고, 엄마의 얼굴도 만질 수가 없거든.

─그래, 그건 정말 그렇다. 직접 이 세상에서 할 수 있는 건 살아있기 때문이구나. 바람의 감촉도 느낄 수 있고, 비가 내릴 때 비를 느낄 수도 있구나.

─맞아. 살아있다는 건 축복이야!

선인장이 이야기하자 두발로 박사도 감동적인 목소리로 소리쳤다.

낙타가 멀리에서 다가오고 있었다. 한 마리가 아주 천천히 같은 보폭으로 서두르지 않고 다가왔다.

─너는 어디에서 오는 중이냐?

선인장이 낙타에게 말했다.

─저쪽 사막에서 오는 중이야.

낙타는 모래언덕 너머를 가리키며 말했다.

-너는 사막에서 어떻게 사니, 물도 없는데….

-나는 몸속에 오아시스를 가지고 있단다.

토토새의 물음에 낙타가 말했다.

　　-너는 좋겠다. 우리는 오아시스를 찾아가는데, 몸

에 오아시스를 가지고 있으니.

─그렇지만은 않아. 남들이 볼 때는 혹이란다. 내게는 오 아시스지만.

낙타는 오래 머물지 않고 떠나려 했다.

─너는 왜 머물지 않고 떠나려 하니?

토토새가 물었다.

─머물면 기다림을 배우게 되거든. 기다림은 내게는 죽음 과 같아.

─왜?

토토새가 물었다.

─사막에서 기다리는 시간을 가지기에는 현실이 너무 긴 박해.

─선인장은 잘 버티는데?

토토새가 이의를 달자,

─나는 행동하는 전사거든. 기다리지 않고 희망을 찾아가 는 편이 더 큰 기쁨이지.

─그렇구나.

두발로 박사와 토토새가 똑같이 대답했다.

─그리고 기다리는 것은 반달 같은 거야. 무모한 것이지.

알 듯 모를 듯한 말을 했다.

─기다리는 것이 반달 같은 거라고?

─그렇지. 어느 쪽인지 알 수가 없거든.

─뭐가?

두발로 박사가 다시 물었다.

─기다리는 것은 주어지는 대로 받아야 하는 손님이지만, 찾아가는 것은 내가 원하는 것을 선택할 수 있어 주인이 될 수 있지. 기다리는 것은 무모한 거야. 인생이란 찾아가는 거야 해. 내가 내 인생의 주인이기를 포기하면 노예가 될 수밖에 없어.

이렇게 말하곤 낙타는 천천히 그리고 서두르지 않고 같은 보폭으로 걸어갔다.

선인장이 떠나가는 낙타를 바라보며 슬픈 얼굴로 말했다.

─저마다의 입장이 아주 다르구나. 인생은 깊어지는 것이

어야 하는데, 수박 겉핥기처럼 떠돌기만 하면 아무것도 얻을 수 없지.

두발로 박사와 토토새는 낙타의 말에 긍정적이었지만 선인장은 다른 생각을 하고 있었다.

태양이 서쪽 하늘로 지고 있었다. 두발로 박사와 토토새는 태양이 저렇게 큰 것은 처음 보았다. 집채만 한 태양이 저물고 있었다. 지평선을 안고 사그라지는 태양은 정말 아

름다웠다. 불덩어리가 땅 밑으로 타들어 가는 것처럼 보이
기도 했다.

　－밤이 되면 심심해서 어떻게 사니?

　두발로 박사가 선인장에 물었다.

　－늘대들이 찾아오곤 하지. 야성이 살아있는 건 다 아름다
워. 개가 되고 싶지 않은 늘대들이 거친 사막에서 아직도 살
거든.

그때 노을을 등지고 늑대들이 나타났다. 늑대들은 거칠고 빨랐다. 가까이 오고 있었다. 무리를 지어 나타나는 늑대들은 당당했다. 전혀 기죽지 않은 모습으로 번개처럼 다가왔다.

토토새는 두렵다며 얼른 자리를 뜨자고 했다. 선인장은 괜찮다며 타일렀다.

—늑대들은 순수한 것에게 공격을 하지 않아. 너희들은 순수한 족속이거든. 혼자 살다 보면 순수해지는데, 순수해지면 순수한 것이 보이지.

—고마워.

두발로 박사와 토토새는 합창하듯 이야기했다.

늑대들이 어슬렁거리며 가까이 다가왔다. 두발로 박사와 토토새가 두려워 몸을 사리자, 선인장이 늑대들에게 이야기했다.

—애네들은 너희들과 같은 순수한 족속이야. 서서 사는 동물은 거짓말을 잘하는데 애네들은 그렇지 않아.

—서서 사는 동물은 무서워. 그중에서 사람이 제일 무서

워. 하늘에 빳빳하게 허리 세우고 도전하는 것부터가 거만 스럽거든. 그리고 사람에겐 살기가 느껴져. 그런데 너에게 서는 식물 냄새가 나네. 식물들은 하늘을 향해 서 있어도 순 해 보이지. 한데 사람은 그렇지 않아.

늑대의 무리 중 두목인 듯한 늑대가 두발로 박사를 쳐다 보며 말했다.

─그런데 너의 얼굴에 걸친 것은 무어니?

두발로 박사는 커다란 안경을 쓰고 있었다. 두발로 박사 는 귀엽게 생겼다. 안경이 얼굴의 반은 차지하고 있었다.

─이걸 쓰면 잘 보이지.

─무엇이 잘 보인다는 거야?

두발로 박사의 말에 늑대의 무리 중 가장 작은 늑대가 물 었다.

─바라보고 있는 것들이 잘 보여.

─사람은 참 이상하다. 어떻게 그런 걸 쓴다고 잘 볼 수 있 을까? 나는 엄마가 보고 싶을 때 눈을 감으면 보이는데….

진짜로 멀리 있는 것들은 눈을 감아야 보이는 거야.

─맞아, 맞아.

다른 늑대들이 다 같이 동의했다. 가장 작은 늑대의 엄마는 사냥꾼이 쏜 총에 맞아 일찍 죽었다. 가장 작은 늑대는 엄마 늑대를 그리워했다. 눈을 감고 엄마 늑대를 생각하면 보였다.

점점 어둠이 사막을 덮고 있었다. 늑대의 눈이 어둠 속에서 파랗게 빛나고 있었다. 두발로 박사는 혼자서 중얼거렸다. 별이 어두워지자 더욱 반짝거렸다.

─순수한 것들은 어두워지니 더 빛나는구나.

─맞아. 하늘의 별들도 순수해서 밤이면 더 잘 보이는 거야.

두발로 박사가 혼자 중얼거리는 말을 듣고 가장 작은 늑대가 말했다.

마침 하늘에는 별들이 아주 가까이 떠 있었다. 두발로 박사와 토토새는 서둘러 자리를 떠나야 했다.

─더 머물고 싶지만 우리는 가야 해.

-그래. 나도 알아. 이별은 새로운 만남을 준비하는 일종의 의식이지. 밤을 보내고 아침을 맞는 것과 같은 거야.

　두목인 듯한 늑대가 말했다.

　-그래. 그래. 너의 표현이 너무 좋다.

　두발로 박사의 칭찬에 어깨를 으쓱했다.

　늑대들도, 선인장도 이별을 아쉬워했지만 어쩔 수 없었다. 두발로 박사는 주머니 속에서 로패시를 꺼내 입으로 불기 시작했다. 늑대와 선인장은 신기한 듯 바라보았다. 바람을 불어 넣자, 로패시는 기쁨의 미소를 지으며 두발로 박사와 토토새를 태우고 바람이 빠지는 풍선처럼 허둥대며 날아갔다.

로패시가 가진 능력 중 가장 뛰어난 것은 마음을 읽는다는 것이다. 로패시는 기쁨, 슬픔, 분노 이러한 감정을 표현할 수는 없었다. 마음을 읽고 자신의 임무인 두발로 박사가 원하는 곳으로 데려다주었다. 로패시는 두발로 박사가 하고 싶은 일을 할 수 있도록 알아서 데려다주었다. 다만 먼젓번에도 그랬던 것처럼 슬픈 생각이나 남을 욕하거나 하는 부정적인 생각을 하면 로패시는 힘을 잃고 불시착하게 된다. 로패시를 탔을 때는 그것만 주의하면 되었다.

로패시는 사람은 실패를 지적하는 것보다 칭찬으로 마음을 바꾸기가 더 쉽다는 것을 깨우치고 있었다. 실패에는 사랑이 없고, 칭찬에는 사랑이 듬뿍 들어있기 때문이란 것도 알게 되었다. 두발로 박사를 보고 배운 것이다. 두발로 박사도 남들이 칭찬해 주면 그 일을 열심히 하였지만 비난하는 소리를 들으면 의기소침해서 잘못된 것을 고치기보다 의욕을 잃었다. 그건 로패시도 마찬가지다. 로패시는 두발로 박사가 최초로 개발한 지능개발 로봇이었다. 사람처럼 스스로 생각할 수 있는 능력을 부분적으로 가진 것이었다.

사실 로패시를 만들 때 두발로 박사는 열심이었다. 로패시가 실패작인 것은 연구실을 찾아온 사람들이 두발로 박사를 보고는 나이가 어린, 아이인 것에 실망해서 어린아이가 장난감이나 만들지 제대로 된 연구를 하겠냐며 나무란 데에 있었다. 그때 힘을 잃어 잘못된 작품이 나온 것이었다. 그때 어른들이 칭찬해 주었으면 몇 번이고 밤을 새우면서라도 제대로 된 로봇을 만들었을 것이다. 하늘도 깔끔하게 일직선으로 날아갈 수 있었을 것이다.

그뿐 아니라 마음으로 지시만 하면 자동으로 커지고 작아지게 할 수 있었을 텐데 두발로 박사는 그만 포기하고 말았다.

하지만 로패시는 조금 모자

란 자신이 좋았다. 이건 두발로 박사에게는 한 번도 말하지 않은 이야기지만 실패로 만들어진 덕분에 두발로 박사가 직접 자신의 몸에 입을 대고 바람을 불 때면 기분이 좋아지곤 했다. 두발로 박사의 체온이 느껴지는 것이 좋았다. 사람의 체온은 참 신비하다고 생각했다.

5. 행복이 퐁퐁 넘치는 퐁퐁섬

두 발로 박사가 지금 가고 싶은 곳은 사막과는 다른 사
람들이 아주 행복하게 살아가는 곳을 가보고 싶었
다. 로패시는 행복이 퐁퐁 솟는 그런 곳으로 안내했다.

로패시가 안내한 곳은 말 그대로 행복이 퐁퐁 넘치는 퐁
퐁섬이었다. 아프리카에서도 가장 원시적인 모습을 가지고

있는 섬이었다. 정말 신기한 것은 아이들에게 남자 어른은 모두가 아버지였다. 그리고 엄마는 하나뿐이라는 사실이었다. 정말 재미있는 섬마을이었다. 퐁퐁섬에 내려서 제일 먼저 알게 된 이 사실에 두발로 박사와 토토새는 정말 놀랐다. 아이들에게 아버지는 아주 여러 명이고 엄마는 하나뿐인 곳이었다.

 –아버지가 많을 수 있다니!

 두발로 박사와 토토새는 함께 놀랐다.

 이 마을에서 태어나 자란 10살의 핑그레는 두발로 박사와 토토새가 놀라는 모습을 보고는 도리어 신기하다면서 고개를 갸우뚱했다. 그리고 두 손을 하늘로 들어 올렸다. 퐁퐁섬의 인사법이었다. 두발로 박사와 토토새는 따라 하

면서 기분이 좋아졌다.

  —어떻게 아버지가 여럿일 수가 있지?

  두발로 박사의 물음에 너무 당연하다는 듯이 핑그레는 말

했다.

  —우리 엄마의 남편은 이 섬에 사는 모든 어른 남자야.

  —말도 안 돼!

두발로 박사는 자신도 모르게 크게 소리쳤다. 그러고는
조금 미안해서 이야기를 계속하라고 손으로 말했다.

　─모든 어른 남자는 모든 어른 여자가 부인이거든.

　두발로 박사는 더 할 말이 없을 만큼 충격을 받았다.

　─신기하다, 신기하다. 그런데 왜 아버지는 여럿이고 엄마
는 하나야?

─그건 너무 당연한 거야. 나를 낳아준 사람이 엄마잖아! 우리 엄마는 같은 또래의 모든 남자를 사랑하니까, 아버지는 여럿이지.

─그렇구나!

토토새도 나뭇가지로 옮겨 앉으며 말했다.

─그럼 네가 사는 마을은?

핑그레는 두발로 박사와 토토새가 놀라는 모습이 도리어 이상하다며 반문했다.

─엄마와 아빠는 한 명뿐이지. 한 남자는 한 여자만 사랑해야 하거든. 엄마와 아빠는 사랑해서 만났지.

두발로 박사는 자신 있는 표정으로 말했다.

핑그레는 말도 안 된다는 표정으로 말했다.

─우리는 모두를 사랑해. 어떻게 너희는 한 여자가 한 남자만 사랑할 수 있니? 모두가 친구고, 애인이고, 사랑해야 외로운 사람이 없는 거야. 너희 나라의 사랑법은 정말 이상한 사랑법이다.

두발로 박사는 도리어 이상하게 이야기가 되고 있다고 생각했다. 그렇지만 달리 할 말이 없었다. 핑그레의 말도 맞았다.

이때 토토새가 둘의 말을 막으며 끼어들었다.

ㅡ우리도 모두를 사랑해. 하지만 짝끼리만 더 사랑하지. 사랑은 살아 움직이는 생물이랬어. 그건 그렇고 이 마을 구경 좀 시켜줄래?

토토새가 얼렁뚱땅 말도 안 되는 소리를 하다 마을 안내를 핑그레에게 부탁했다.

핑그레는 자신의 집으로 안내했다.

ㅡ내 이름은 아버지들이 지어준 이름이야. 나를 낳았을 때 우리 엄마의 눈가에 기쁨의 눈물이 핑 돌았다고 해서 핑그레라고 지어주었지.

핑그레는 자랑스럽게 이야기했다.

ㅡ핑그레는 행복하겠다. 아버지가 많아서.

ㅡ그렇단다. 어려운 일이 있거나 축제가 있을 때는 아버지

들이 도와주곤 하지. 어떤 아버지는 배 젓는 법을 알려주고,
어떤 아버지는 사냥하는 법을 알려주지.

-그럼. 여기에는 고아가 없겠네. 아버지들이 도와주
니까?

토토새가 신기한 듯 물었다.

-고아가 뭔데?

-고아는 엄마 아버지가 없는 아이들을 이야기하지.

두발로 박사가 설명해 주었다.

-그럼, 고아가 있을 수가 없지. 아버지가 아주 많으니까.

-그럼 먹고 자는 것도 다 같이 하겠네.

-그렇지, 없으면 다 같이 굶고, 좋은 일이 있으면 다 같이
기뻐하지.

-와아!

두발로 박사와 토토새는 정말로 감탄했다.

-그럼. 여기서는 싸움도 없겠네.

토토새가 말했다.

―그렇지는 않아. 의견 다툼이 있거나 감정싸움을 하곤 하는데, 곧 화해하지. 그래도 싸움이 길어지면 추장이 불러 화해를 시키고 마을 사람들이 모여 풀어주지.

―그래도 안 풀어지면 어떻게 해?

토토새가 물었다.

―아주 간단해. 남자가 삐졌을 때는 여자들이 단체로 몰려가 간지럼을 태우지. 여자가 삐졌을 때는 남자들이 몰려가 간지럼을 태우고. 그러면 풀어져.

―참 신기한 방법이다. 우리도 화가 났을 때 그렇게 해 보자.

―그래, 그래.

두발로 박사의 제의에 토토새와 핑그레가 맞장구를 쳤다.

셋이서 마을로 걸어 들어가자 마을 사람들이 하나둘 모여들었다. 마을 사람들을 만날 때마다 두 손을 들어 인사를 했다. 처음 보는 두발로 박사와 토토새가 있었기 때문이다. 일하다 멈추고 모두 신기한 사람이라도 본 것처럼 모여들었다. 핑그레와 두발로 박사 일행은 마을 한복판으로 걸어 들어갔다.

－우리 퐁퐁섬에서는 외지에서 누군가 오는 것은 좋은 일이 있을 거라는 징조로 보거든. 축제를 열어서 다 같이 기뻐하지.

－그럼. 우리가 손님이 되는 거야?

두발로 박사는 흥분된 목소리였다.

－그럼, 손님이지. 나는 행운을 가지고 온 사람을 데리고 온 사람으로 인정받게 되지.

핑그레가 이야기하는 동안 두발로 박사는 당황하고 있었다. 마을 사람들이 모여 박수를 보내고 있었다. 응원하는 모습 같았다. 두발로 박사는 얼굴에 홍조를 띠더니 다리가 길어지고 있었다. 두발로 박사의 마음도 기분이 좋아 둥둥 떠오르고 있었다. 마을 사람들이 모여들다가 두발로 박사의 다리가 길어지는 신기한 모습에 눈을 동그랗게 뜨고 바라보았다. 추장의 말 한마디에 마을 사람들이 모두 엎드려 두발로 박사에게 절을 했다.

두발로 박사는 정말 당황하고 있었다. 자신의 다리가 길어지는 것에도 아직 익숙하지 않은데 마을 사람들이 자신을 향해 엎드려 절을 하는 모습에 더 당황스러웠다.

마을 사람들이 두발로 박사에게 엎드려 절을 한 것은 이 마을 전설 때문이었다. 이 마을에 정말 좋은 일이 생기기 전에 키가 아주 큰 사람이 찾아오는데, 그를 잘 맞이해야 정말 좋은 일이 실제로 이루어진다는 이야기가 전해져 내려오기 때문이었다.

두발로 박사는 몇 번이나 마을 추장에게 자신은 그런 능력을 지닌 사람이 아니라며 약물을 잘못 배합한 것을 먹어 그렇다고 이해시키려 했지만, 마을 추장과 마을 사람들은 그럴수록 두발로 박사를 더욱 받들었다. 두발로 박사는 이곳 퐁퐁섬에서 깨달은 바가 더 크다며 그런 느낌을 받으면 다리가 길어진다고 하자, 주위에 모여 있던 마을 사람들이 다시 엎드려 절을 했다. 두발로 박사는 말을 할수록 더욱 신기해하는 마을 사람들을 위해 그냥 있는 동안 편하게 대우를 받기로 했다.

다만 자신을 잘 이해하는 핑그레에게 만은 예전대로 편안하게 친구가 되자고 했다.

−아버지나 추장님에게 혼날 텐데….

−아니야. 그래도 우린 먼저 친구였잖아. 그렇게 하는 것이 우리를 편하게 하는 거야.

−그래, 그럼 그렇게 할게.

그날 저녁이 되자 두발로 박사와 토토새는 축제장으로 안내되어 한판 놀이가 시작되었다. 마을의 젊은 남녀들이 나와 불을 가운데에 두고 돌며 발을 구르고 힘찬 몸짓으로 아주 힘찬 춤을 추었고 노인들은 막대기로 땅을 치며 흥을 돋

위주었다. 두발로 박사와 토토새는 젊은이들 틈에 끼어 춤을 추었는데 신나는 놀이였다. 발바닥이 얼얼할 만큼 뛰며 춤을 추었다. 정말 신나는 밤이었다.

야자수로 만들어진 술을 마셨는데 아주 기분이 좋아지는 술이었다.

—여기서 살아도 돼.

—정말!

핑그레의 말에 두발로 박사와 토토새는 감동의 목소리로 대답했다.

—그럼. 여기서는 누구나 살기를 원하면 받아주지. 아무리 어려운 일이 있어도 내 일처럼 도와주거든.

—천국이 따로 없네. 여기가 천국이네.

—우리는 이곳이 지상의 낙원이라고 생각하고 살아.

두발로 박사는 로패시에게 마음속으로 감사했다. 여기에 데려다준 것에 대해서. 그리고 주머니 속을 가만히 만져 로패시를 손으로 만져주었다. 로패시는 작아지면 잠만 자는

잠꾸러기였다.

축제가 끝나자 마을 사람들은 나뭇잎으로 각자 만들어 입은 옷을 벗어서 불 속에 집어넣었다. 모두 발가벗은 모습이 되었다. 여자들은 큰 가슴을 내놓고 있었고, 소녀들은 작은 가슴이 귀여웠다. 소녀들의 작은 가슴에 눈이 자꾸 갔지만 안 그런 척하느라 행동이 도리어 어색해지곤 했다. 다행히 그런 두발로 박사의 마음을 마을 사람들이 모르는 것 같아 마음이 그나마 놓였다. 어른들이 완전히 다 벗은 모습은 처음 보았는데 처음에는 이상하더니 곧 자연스러워졌다. 두발로 박사만 혼자서 옷을 입고 있어서 도리어 이상해 보였다. 그러나 차마 벗을 수가 없었다. 버릇을 고친다는 것이 생각보다 어려운 것을 느꼈다.

－지금 뭐 하는 거니?

토토새가 핑그레의 어깨 위에 앉으며 말했다.

토토새의 말에 두발로 박사는 자신의 마음이 들킨 것 같아 깜짝 놀랐으나 토토새가 핑그레에게 물어보는 것이었다.

―저건 너희들에게 나쁜 일이 일어나지 말라고 그리고 마을에 나쁜 일이 일어나지 말라고 몸에 걸쳤던 모든 것을 벗어서 태우는 거야. 근심 걱정도 사라진다고 우리는 믿지.

―그래! 그럼 두발로 박사도 벗어야지.

토토새의 말에 두발로 박사는 당황했다. 하지만 옷을 벗을 용기가 나지 않았다. 핑그레는 옆에서 웃고만 있었다.

―괜찮아. 버릇도 하나의 고집인 걸 알아. 고집을 가지고 산다는 건 자신만의 세상 하나를 가지고 사는 것과 같거든. 그냥 그대로의 두발로 박사가 나는 좋아.

토토새가 세상을 오래 산 할아버지처럼 말했다. 두발로 박사는 토토새가 고마웠다. 퐁퐁섬 사람들처럼 자유롭지 못한 자신이 안타깝기도 했지만 토토새의 위로로 괜찮아졌다.

두발로 박사와 토토새는 정말 행복하게 마을에서 일주일을 머물렀다. 이제 떠나야 할 시간이 되었다. 핑그레의 눈에는 눈물이 고였다. 마을 사람들도 한 명씩 꼬옥 안아주며 여행을 잘 다녀가라고 기원해 주었다. 마을 사람들은 두발로 박사가 안아줄 때마다 고마워했다.

로패시를 크게 만들기 위해서 두발로 박사가 입으로 불기 시작하자 마을 사람들은 신기해하면서 한 번씩 불어주어 짧은 시간에 크게 만들 수 있었다.

로패시는 늘 그렇듯이 고무풍선이 바람 빠지듯 하늘로 날아올랐다. 두발로 박사가 로패시를 타고 하늘로 날아오르자 마을 사람들은 모두 엎드려 절을 했다. 어떤 사람은 감격의 눈물을 흘리기도 했다.

―너무 멋진 날들이었어.

두발로 박사가 흐뭇해하자,

―그래, 그래. 정말 행복했어.

라며 토토새가 맞장구를 쳤다.

이번에는 가장 가난한 나라를 구경하고 싶었다. 너무도 행복하고 즐거운 퐁퐁섬을 여행했기 때문에 어려운 친구들을 만나보고 싶었다.

늘 그렇지만 고무풍선이 바람이 다 빠져 땅으로 떨어지듯

엉거주춤한 착륙으로 허름한 마을에 도착했다.

이들이 도착하자 사람들이 모여들었다. 나무도 없는 삭막
한 곳에 집들이 엉성하게 지어져 있었고 아이들은 못 먹어
말라 있었다. 사람들의 눈에는 호기심이 가득했다.

6. 자신 속으로 뚜벅뚜벅 걸어가고 싶은 사람

이곳에는 하루 종일 앉아만 있는 사람도 있었다. 눈을 감고 움직임이 없이 가부좌를 하고 앉아서는 꼼짝도 하지 않았다. 시끄러운 거리에서도 그 사람은 변함이 없었다. 날씨는 적당히 따뜻했으나 저녁이 되자 쌀쌀해졌다.

 ―저 사람은 무얼 하는 걸까?

토토새가 궁금함을 참지 못하고 먼저 말했다.

토토새의 말에 길을 안내해 주던 친구 다바람이 말했다. 다바람은 마을에 도착해서 제일 먼저 만난 친구였다. 까무잡잡한 얼굴에 순진한 눈이 매력적이었다. 눈 속에는 별이 총 총 총 박혀 있는 것 같았다. 어떻게 보면 꿈을 꾸는 아이 같기도 했다. 눈동자에 별이 가득한 아이였다. 꿈처럼 아름다운 아이일 거라고 두발로 박사는 생각했다.

―깨달음에 도달하기 위하여 참선이라는 것을 하는 중이야. 여기서는 요가라고 하기도 하지.

―어떻게?

―눈을 감고 저렇게 앉아 자신을 바라보고 있으면 나중에는 자신 속으로 뚜벅뚜벅 걸어 들어갈 수가 있대. 우리 아빠가 그랬어.

―자신 속으로 뚜벅뚜벅 걸어 들어갈 수가 있다고?

두발로 박사와 토토새가 이해할 수 없다는 표정을 짓자,

―나도 모르는 이야기지만 나는 믿어. 어른이 되면 나도

한 번 해볼 거야. 우리 아빠는 거짓말을 하지 않거든.

–하긴 그래. 아빠가 아들에게 거짓말을 할 수는 없어.

토토새가 다바람의 말을 인정해 주었다. 그리고 그렇게 해보라고 응원해 주었다.

다바람은 세상의 어떤 것도 바람 없이는 살 수 없으니 바람같이 필요한 아이가 되라고 아버지가 지어준 이름이었다.

–너 이런 말 들어봤니?

다바람이 신기한 것을 생각이라도 한 듯이 두발로 박사와 토토새에게 말했다.

–산다는 건 바람 속을 걸어가는 거래.

－바람 속으로 걸어가는 게 사는 거라고?

두발로 박사가 다시 물었다.

－그래. 산다는 건 바람을 피해서 가는 게 아니라 바람 한 가운데로 걸어가는 거랬어.

－무슨 뜻인데?

－나도 무슨 뜻인지 잘 몰라. 하지만 내 이름이 다바람이 잖아. 이름이 들어간 이야기라서 기억하고 있지.

다바람이 웃으면서 말했다.

－맞아. 다바람 말이 맞을지도 몰라. 나도 바람이 없으면 날 수가 없거든. 바람은 힘들게도 하지만 꼭 필요한 것은 맞아.

두발로 박사와 다바람은 토토새의 말에 고개를 끄덕였다.

신이 난 듯 토토새가 다른 이야기를 꺼냈다.

－내가 너희들한테 이야기 하나 해줄게. 요양소에서 들은 이야기인데 힘들 때 나에게 힘이 되어준 이야기야.

－뭔데?

두발로 박사와 다바람이 귀를 가까이 가져가며 말했다.

－사람은 간절하게 태어나고 싶어서 태어난 거래.

토토새는 요양소에서 들은 이야기를 다시 자신의 이야기처럼 했다.

－저마다 간절한 소원이 있어 태어났는데 잊고 산다고 했어. 어쩌면 저 사람도 그것을 기억해 내려고 하는 것인지도 몰라.

토토새가 눈을 감고 혼자 앉아있는 사람을 가리키며 말했다. 다바람과 두발로 박사는 토토새의 말에 환한 웃음으로 답을 했다. 그럴지도 모른다는 생각을 함께했다.

두발로 박사와 다바람이 웃어주자 토토새는 신이 나서 이야기를 계속했다.

－아이들은 앉아만 있으면 발바닥이 간지러워서 견딜 수 없대. 다 자신의 나이에 맞는 일을 해야 하는 거랬어

두발로 박사와 다바람은 다시 웃었다.

도시는 끝없이 컸다. 부자와 가난한 사람들이 함께 있었

다. 아주 큰 집도 있었고 초라한 집들이 모여 있는 언덕도 있었다.

다바람은 아주 친절하게 도시를 안내해 주었다. 사람들은 가난했지만, 마음의 평화를 누리고 있었다. 맨발로 걷는 그들의 모습과 아프리카의 풍풍섬에서 만난 사람들과 같이 맨발이었지만 달랐다. 풍풍섬의 평화가 더 따뜻하게 느껴졌다.

다바람의 집은 언덕 위에 있었다. 가난했다. 다바람의 엄마와 아버지는 친절했다. 두발로 박사와 토토새를 위해 강냉이죽을 끓여 주었다. 다바람의 동생은 두발로 박사가 먹는 강냉이 죽을 물끄러미 바라보고 있었다. 먹고 싶은 눈치였다. 두발로 박사가 강냉이죽을 권하자 다바람의 동생은 고개를 저었다. 착한 아이였다. 손님에게 양보하려는 마음이었다.

두발로 박사는 가지고 있던 동전과 연필을 다바람 동생에게 선물했다.

－고마워, 형.

다바람 동생의 이름은 휘파람이었다. 휘파람은 아주 행복한 얼굴이었다.

－그래, 나도 고마워.

두발로 박사는 그래도 기분 좋게 인사를 했다.

두발로 박사와 다바람이 거리를 걷는데 아이들이 두발로 박사에게 손을 내밀었다. 두발로 박사는 가지고 있던 돈을 나누어주었다. 구걸하는 아이들의 표정이 너무나 당당했다. 빌려준 돈을 받기라고 하는 것처럼 받았다.

두발로 박사의 당황한 표정을 읽은 다바람이 이야기해주었다. 이곳에서는 주는 사람이 받는 사람에게 고마움을 표현해야 한다고 했다. 받아주는 사람이 있어야 부자도 선행할 수 있기 때문이었다. 받는다는 것은 거지가 부자에게 선행할 기회를 마련해 주는 것이었다. 도움을 받는 것이 오히려 도와주는 것이 되었다. 받는 사람과 주는 사람이 서로 고마워하는 것이 참 좋은 풍습이라고 생각했다. 이곳에서는 부자만큼 거지도 당당했다.

다바람이 강가로 두발로 박사와 토토새를 안내했다. 강은 넓고 깊어 보였다. 그곳은 죽은 사람을 화장하는 곳이기도 했고, 사람들이 성스럽게 생각해 몸을 씻거나 먹기도 했다. 나무를 쌓아놓고 시신을 올려놓고는 태웠다. 그 재는 강물에 뿌린다고 했다.

–왜 땅에 묻지 않고 태우니?

–화장한 후에 이곳 강물에 뿌려지는 것을 최고의 기쁨으로 받아들이거든.

–왜?

–이 강은 성스러운 강이니까.

다바람과 두발로 박사는 이야기를 계속 주고받았다.

-이 강은 왜 성스러운 강이야?

　-성스럽다고 생각하는 사람들이 있기 때문이지.

　-무슨 특별한 이유가 있는 것이 아니고?

　-이유가 중요한 것이 아니라, 어떤 사실을 믿어주는 사람
이 있다는 것이 더 중요한 거야. 강이 성스러운 것이 아니라
강을 성스럽다고 생각하기 때문에 성스러운 거야.

　두발로 박사는 다바람의 말을 들으며 동화에서 본 성자와
이야기하고 있는 것은 아닌가 착각할 정도
였다.

　-여기 아이들
은 다 너 같으니?

　-그렇지 않아. 아버지
의 영향을 받아서 그런 것
같아.

　두발로 박사는 다바람의 아버지를 떠올
렸다. 깊은 눈과 말에서 무언가 일반 사람

과는 다른 느낌을 받았다. 행동이 느리면서도 진지해 보였다.

두발로 박사는 다바람과 강을 구경하고는 다른 곳을 떠올렸다. 헤어지기 싫었지만 웃으면서 헤어져야 하는 걸 서로 알았다. 세상은 가는 곳마다 달랐고 신기했다. 사는 방법도 생각도 달랐다. 하지만 다른 것은 그리 중요하지 않았다. 모두가 금방 친해질 수 있고 함께 살아갈 수 있는 관습을 가지고 있었다.

―여행이란 보는 게 아니라 느끼는 거야.

토토새가 혼자 중얼거리듯이 말했다.

―갑자기 엉뚱한 소리를 하냐?

두발로 박사의 말에도 토토새는 능청스럽게 말을 계속했다.

―여행의 최고의 목표는 무엇을 구경하는 것이 아니라 그곳에 도착해 그곳의 삶을 이해하는 거야. 여행은 눈이 바쁜 게 아니라 가슴이 바빠야 하는 거지.

토토새의 말에는 의미가 담겨 있었다. 무언가 여운이 남았다. 이번에는 할머니의 목소리로 흉내를 내어 말했다. 누구의 말인지 생각나지 않았지만 이와 비슷한 이야기를 들은 것은 확실했다. 토토새만이 가진 특유의 어법이었다. 요양소는 토토새에게 많은 것을 가르쳐 주었다. 그리고 이번 여행은 두발로 박사뿐 아니라 토토새도 많은 것을 배우고 있었다. 정말 의미 있는 일이었다. 힘들었지만 또 다른 세상을 구경하고 싶은 마음이 커졌다.

두발로 박사와 토토새는 다바람과 헤어지는 것이 섭섭했다. 두발로 박사와 토토새는 이제는 헤어지는 것에도 익숙해질 만한데 헤어지는 것은 늘 슬펐다. 그리고 가는 곳마다 많은 것을 배웠다. 다시는 만나기 어려운 사람과 여행지를 다니면서 지금 이 순간이 얼마나 소중한지를 느꼈다.

세상에서 가장 의미 있는 장소는 지금 여기이고, 가장 의미 있는 시간은 지금 이 순간이라는 것을 알게 되었다. 지나간 시간을 붙들고 있는 것은 어리석고, 미래만을 생각해 지

6. 자신 속으로 뚜벅뚜벅 걸어가고 싶은 사람

금 이 순간을 허비하는 것은 잘못이다. 여행 기간에 만난 사람 모두, 지금 이 순간을 사는 사람들이었다.

가장 뜻깊은 순간이 지금인 만큼 지금 만나는 사람에게 잘해주는 것이 가장 의미 있는 일이라는 것을 배웠다. 두발로 박사와 토토새는 앞으로 또 다른 시간을 만날 것이고 다른 사람을 만나게 될 것이다. 미래는 늘 기대가 되었다. 로패시가 날려는 순간, 다바람이 픽 쓰러졌다. 쓰러지며 나무에 얼굴을 부딪쳐 피가 흐르기 시작했다. 두발로 박사는 급하게 로패시에게서 뛰어내렸다. 토토새도 놀라 날개를 퍼덕이며 두발로 박사를 따랐다.

─미안해. 나 때문이야.

─아니야. 내가 넘어진 거야.

두발로 박사의 미안하다는 말에 다바람은 아

니라고 했다.

　−모두 나 때문이야. 헤어질 때 내가 슬픈 마음을 가지면 주위에 있는 사람들이 넘어지게 되어있거든.

　다바람은 두발로 박사의 이야기에 놀랐다. 지금까지 여행하면서 처음 있는 일이었다. 두발로 박사는 떠나는 순간에는 그래서 항상 조심했다. 헤어지며 밝게 웃었다. 이런 일을 막기 위해서였다.

　−너는 정말 여러 가지로 특별한 아이구나!

　−아니야. 내 실수로 그렇게 된 것들이야. 연구소로 돌아가면 모두 고칠 수 있을지도 몰라.

　두발로 박사는 슬픈 마음이었지만 아주 편하게 인사하며 얼굴에 웃음을 담았다. 그리고 로패시를 타고 날아올랐다. 두발로 박사의 마음이 한결 가벼워졌다. 헤어질 때 슬픈 마음을 가지는 것보다 웃으며 안녕을 빌어주는 것이 더 의미 있고 현명한 일 같았다.

7. 인생은 춤추게 해야 하는 거야

이번에는 오랫동안 날았다. 로패시가 힘들 텐데도 계속 날고 있었다. 다바람을 만나고 있는 동안 두발로 박사의 주머니에서 너무 길게 잠을 자서 그런지도 몰랐다. 로패시를 타고 오랫동안 날아가는 것은 정말 힘이 들었다. 제멋대로 날아가기 때문에 꼭 잡고 있어야 하기 때문이었다.

공장 굴뚝들이 보였다. 연기가 많이 나지는 않았지만 그래도 여기저기 올망졸망 붙어있는 공장들이 여러 채 있었다.

—내가 무슨 생각을 하고 있었지?

두발로 박사는 생각해 보았다. 로패시는 두발로 박사가 원하는 마음을 읽어서 안내해 주기 때문이었다.

—그래. 장난감 나라에 가고 싶었는데… 그럼 저 공장들이 장난감을 만드는 공장들인가?

—두발로 박사, 정말 좋은 생각을 했다. 장난감 천국이야.

토토새는 너무 좋아하다가 그만 로패시에게서 떨어져 추락할 뻔했다.

그중에 제일 큰 공장으로 들어갔다. 목재 나무들과 천과 종이 등이 어지럽게 널려있었다. 두발로 박사가 좋아하는 장난감이 모두 모여 있는 것 같았다. 기계 소리가 요란하게 들리고 나무를 자를 때 나오는 톱밥도 군데군데

쌓여있었다.

두발로 박사는 좋아서 싱글벙글 웃으며 장난감을 만드는 것을 구경하며 돌아다녔다. 장난감 기차를 비롯해 인형과 자동차, 장난감 로봇도 있었다. 아이들이 좋아하는 것은 다 모여 있었다. 신나는 공장이었다.

─너희들은 어디에서 왔니?

─바다 건너에서요. 하늘을 날아서 왔어요.

장난감을 만들던 털보 아저씨가 물어보자, 토토새가 대답했다.

털보 아저씨의 이름은 다만드러였다. 그는 장난감이라면 어떤 것이라도 다 만들 수 있었다.

─너희들이 가지고 싶은 것은 다 가져도 돼. 내가 줄게.

─아저씨가 사장님이세요?

─그렇진 않단다. 그렇지만 그 정도는 내 재량으로 할 수 있어.

털보 아저씨는 장난감 나라에서 가장 실력이 좋은 기술자

7. 인생은 춤추게 해야 하는 거야

였다. 자신이 만들고 싶은 장난감
은 어떠한 모양이라도 다 만들 수
있었다.

두발로 박사와 토토새는 너무 좋
아 궤도열차와 장난감들을 한꺼번
에 다 집으려 했다.

－그렇게 욕심내지 않아도 돼. 있
는 동안 가지고 놀다가 갖고 싶은
것을 가지고 가면 된단다.

그래도 두발로 박사는 많이 가지고 싶었다. 토토새도 더
많은 것을 집으려 노력하고 있었다.

－사람의 손을 두 개만 만든 것은 다 이유가 있단다. 한 손
은 비워두라는 것이다. 물건을 쥔 손은 구속이고, 빈손은 자
유란다. 손이 비어 있을 때가 자유인 때지. 그래야 진정 가
지고 싶은 것을 가질 수 있거든.

두발로 박사와 토토새는 조금 부끄러웠다. 그래도 욕심을

버리기에는 가지고 싶은 것이 너무 많았다.

－다만드러 아저씨는 정말 좋겠어요. 생각한 것들을 모두 장난감으로 만들어낼 수 있는 기술이 있잖아요.

－그렇기는 하지. 그렇지만 장난감 나라에서만 그렇단다. 그건 자랑이 아니야.

－왜요?

두발로 박사가 이상하다는 표정으로 물어보자, 토토새도 덩달아 다만드러 아저씨를 쳐다보았다.

－사람은 누구나 자신이 잘하는 일이 있거든. 나는 그중에서 장난감 만드는 일을 잘할 뿐이야.

－그것이 세상에서 최고로 멋진 일이잖아요.

－아니란다. 세상에서 진짜로 중요한 것을 사람들은 잊고 살아서 그렇단다.

두발로 박사는 그래도 이해가 되지 않았다.

－집에 가면 내가 잘하는 일이 별로 없지. 빵을 만들거나 요리를 하는 일도 내가 사랑하는 아내가 더 잘하고, 옷을 만

드는 일도 내가 사랑하는 아내가 더 잘한단다. 그 일들이 장난감을 만드는 일보다 중요하지 않은 게 아니거든. 아이를 보살피는 일은 그중에서도 가장 중요한 일이지. 여자들이 중요한 일을 많이 한단다.

두발로 박사는 그제야 이해가 되었다.

ㅡ아하, 그렇구나. 그렇지만 장난감을 만드는 일은 아무나 못 하잖아요.

ㅡ그렇긴 하지. 하지만 세상에 필요 없는 건 없단다.

그건 그렇다며 두발로 박사는 다만드러 아저씨의 이야기에 고개를 끄덕였다.

ㅡ세상에는 필요 없는 것은 어디에도 없어. 자신이 이 세상에 어떻게 쓰여야 하는 것이 가장 좋은 일인지 몰라서 그래. 너는 아베베라는 선수를 아니?

ㅡ아니요.

ㅡ아프리카에 아베베라는 선수가 있었는데 세상에서 제일 잘 달리는 선수였지. 그 선수는 달리는 것이 세상에서 가장

즐거운 일이었거든.

－그래서요?

두발로 박사가 신기한 일을 만난 듯이 물었다.

－시간만 나면 달렸지. 세상에서 제일 잘한다는 것은 신나는 일이잖아?

－그럼요.

－누구나 자신이 잘하는 일이 있단다. 그것을 빨리 찾으면 되는 거지. 자신이 하고 싶은 일을 하는 것은 자랑스러운 거야. 아베베 선수는 자신이 좋아하는 달리기를 계속해서 올림픽에서 두 번이나 우승했지.

－그런데 사람들은 왜 그것을 찾지 못할까요?

－그건 간단해. 욕심 때문이지.

－욕심이요?

－그래. 마음이 하는 말을 가만히 들으면 들리는데, 그 말에 귀 기울이지 않고 다른 욕심의 소리를 듣기 때문이야.

－다른 욕심이 뭔데요

―더 가지고 싶고, 더 사랑받기만을 원하고, 더 힘을 가지려고 하고, 뭐 그런 것들이지.

―늘 더가 문제네요?

―그런 셈이지. 마음 그 안에서 원하는 것을 들으려 하기보다는 밖에 보이는 것을 먼저 원하기 때문에 마음이 원하는 것이 무언지를 모르고 사는 거지.

두발로 박사는 갑자기 나무가 되고 싶은 사람이 보고 싶어졌다. 자신이 되고 싶은 일을 아주 간절하게 바라면서 행동으로 옮긴 나무가 되고 싶은 사람이 위대해 보였다. 지금쯤 다리에는 뿌리가 나고 있을까? 아직도 나무처럼 서서 기도하고 있을까 궁금했다. 그렇지만 지금은 장난감 나라의 다만드러 아저씨 이야기를 들어야 했다.

―사람들이 더 가지고 싶어 하는 것들이 구체적으로 뭔데요?

두발로 박사는 꼬치꼬치 물었다.

다만드러 아저씨는 조금도 귀찮아하지 않고 대답해 주었다.

-돈, 권력 같은 거지. 사람들은 그걸 가지면 다 가진 것처럼 생각하는데, 아니거든. 마음이 시키는 일을 하는 것이 가장 즐거운 일인 줄 사람들은 몰라.

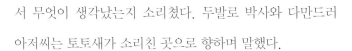

　다만드러 아저씨와 두발로 박사가 이야기를 나누는 동안에도 토토새는 장난감에 빠져 정신이 없었다. 토토새가 자신을 닮은 새들이 전시된 곳에서 무엇이 생각났는지 소리쳤다. 두발로 박사와 다만드러 아저씨는 토토새가 소리친 곳으로 향하며 말했다.

　-어떻게 사는 것이 가장 잘 사는 것이지요?

　두발로 박사가 다만드러 아저씨에게 물었다.

　-인생을 춤추게 해야 하는 거야.

　-인생을 춤추게 해요?

　다만드러 아저씨의 말에 두발로 박사는 감동하였다. 인생을 춤추게 한다고? 와! 그렇게 멋진 말을 듣다니. 나는 정말 행운아야라고 소리치고 싶었다. 그 순간 두발로 박사의 머리가 공장의 천장에 쿵 하고 부딪혔다. 두발로 박사는 감동하여 다리가 길어져서 천장에 머리를 부딪친 것이다. 머리가 조금 아팠지만 그래도 두발로 박사는 기분이 좋았다.

－어어, 괜찮아?

다만드러 아저씨는 놀라면서 넘어지려는 두발로 박사의 손을 잡아주려 손을 내밀었다.

−괜찮아요. 저는 깨달음의 충격이 기쁨으로 오는 순간 다리가 자라나거든요. 마음이 편안해지면 다시 원상으로 회복돼요. 걱정하지 않으셔도 돼요.

−다행이구나.

다만드러 아저씨의 말이 끝나기도 전에 토토새는 다시 두 사람을 불러댔다.

−두발로 박사, 여기에 정말 신기한 새가 있어.

두발로 박사와 다만드러 아저씨는 웃으며 그곳으로 향했다.

세상의 새들을 다 만들어 놓았다. 독수리도 있었고, 앵무새, 참새, 박새, 부엉이도 있었다. 토토새는 독수리도 무서워하지 않았다. 새의 친구는 새였다. 닮은 것을 좋아하는 것은 토토새도 같았다. 자신을 닮은 새들을 보고 좋아했다.

−자신을 닮은 것을 좋아하는 마음 때문에, 새는 새를 낳고 사람은 사람을 낳는 거야.

세상을 다 산 듯 말하는 토토새가 두발로 박사와 다만드러 아저씨의 눈빛을 읽고 쑥스러운 듯 말했다. 정말로 토토새의 말은 엉뚱하지만, 가만히 생각해 보면 재미있었다.

−어떻게 아기들은 다 예쁠까?

토토새는 쑥스러움을 면하려고 슬쩍 다만드러 아저씨를 보며 말했다.

−엄마의 마음이 따뜻해서 예쁜 아기를 낳는 거야. 토토새의 말처럼 마음도 닮는 거란다.

−그러면 나쁜 사람은 왜 생겨요?

토토새가 다만드러 아저씨에게 물었다.

−엄마의 마음을 잊어버려서 그렇지.

−그렇구나.

토토새도 두발로 박사와 함께 고개를 끄덕였다.

두발로 박사가 토토새와 여행을 떠나서 느낀 점은 세상은 다 스승이었다. 사람을 만나는 것이 행복했다. 새로운 곳을 갈 때마다 세상은 넓어지고 있었다.

로패시가 주머니에서 만져졌다.

－귀여운 잠꾸러기!

두발로 박사는 로패시가 깨어나라고 손으로 주물럭거렸다. 로패시는 주머니 바깥으로 꺼내기 전에는 계속 잠만 잤다. 로패시를 깨웠다. 이번에는 헤어지면서 아주 밝은 마음으로 인사를 했다. 다만드러 아저씨가 넘어지는 것을 보고 싶지 않았기 때문이었다.

8. 짊어진 짐이 축복이 되는 때도 있다

이번에는 어촌마을에 도착하고 있었다. 바다가 보이고 배들이 점점이 떠 있었다. 어부들이 고기를 잡아서 육지로 나르고 있었다. 가족들이 모두 모여 같이 일을 하고 있었다. 아이들은 구경만 하고 제법 큰 아이들은 어른들을 도와 그물을 당기고 잡은 물고기를 나르고 있었다. 두발로 박사도 그들과 함께 끌어올리는 것을 도왔다.

─너는 누구니?

그중 가장 어른인 아저씨가 두발로 박사에게 물었다.

─세상을 배우려고 여행을 하고 있어요.

─너는 좋겠구나. 자유로워서.

─네, 그렇기는 해요. 하지만 아저씨도 자유롭잖아요. 넓은 바다로 마음껏 배를 몰고 나갈 수도 있고요.

─아이야, 내 이름은 바다조아란다.

두발로 박사가 아저씨라고 부르자 자신의 이름을 알려주었다.

─바다조아 아저씨! 두발로 박사는 아이가 아니야. 두발로 박사라고 해.

토토새는 바다조아 아저씨가 두발로 박사에게 아이라고 하는 말에 기분이 상해 목소리를 높였다.

─그렇구나. 미안하다.

두발로 박사는 토토새의 말에 조금 창피했다. 그리고 바

다를 정말 좋아하는 바다조아 아저씨에게 물었다.

　―바다조아 아저씨는 정말 좋겠어요. 고기를 잡고 싶은
날, 바다에 나가면 되잖아요.

 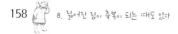

　-그렇지 않단다. 우리 가족은 많거든. 나하고 아내 그
리고 아이들이 일곱이나 된단다. 그래서 비가 와도 고기
를 잡으러 나가야 해. 어떤 때는 바람이 불 때도 바다로

나가곤 하지.

　-그렇군요. 그래도 아이들이 있어서 좋잖아요.

　-그렇지. 아이들은 축복이란다. 내가 이 세상에 살아있는 것이 기쁨이라고 생각하는 사람이 있다는 것이 내게 살아갈 힘을 주지.

　두발로 박사는 고개를 끄덕였다.

　-사실 사람이 사는 힘은 짊어진 짐에서 나온단다.

　-짊어진 짐의 힘으로 산다고요?

　-사람은 짐을 내려놓으려고만 하는데 짐을 내려놓으면 날아갈 것 같아도 인생이 허전해지지.

　-짐을 내려놓으면 가볍고 좋지, 어떻게 힘이 되냐?

　토토새가 역시 말도 안 된다는 투로 그것도 반말로 끼어들었다.

　-아이들과 아내와 먹고살아야 한다는 생각을 하면 걱정이 되지. 그것이 마음의 짐이 되는 셈이지. 아이들의 존재가 내가 살아가게 하는 이유가 되지. 그리고 다른 의미의 짐도

있단다. 사냥을 나갔다가 사슴 한 마리를 잡아 어깨에 짊어져 보았니? 아니면 고기를 잡으러 나갔다가 큰 고기를 잡아 어깨에 짊어져 봐, 얼마나 즐거운지 알게 될 거다. 가족이 맛있게 먹는 모습을 상상해 봐, 얼마나 힘이 나나.

토토새는 그제야 인정했다. 두발로 박사는 다 이해가 되지는 않았지만, 내가 살아있는 것이 누군가에게 기쁨이 된다는 것은 분명 행복한 일임이 틀림없다고 생각했다. 바다조아 아저씨가 부러웠다. 가족 모두 바다조아 아저씨를 좋아할 것이 분명하기 때문이었다. 두발로 박사는 자신을 생각했다. 내가 살아있는 것을 간절하게 바라는 사람이 있을까? 엄마와 아빠는 돌아가신지 오래다. 두발로 박사가 세 살 때 함께 돌아가셨다.

−두발로 박사, 내가 있잖아! 내가 짐이 되어줄게.

토토새가 말했다.

두발로 박사와 바다조아 아저씨가 웃었다. 다른 의미의 짐이었기 때문이었다.

—내가 살아있는 것을 고마워하는 사람이 있을까?

두발로 박사가 자신이 없는 목소리로 말했다.

—내가 있잖아! 나는 정말로 두발로 박사를 좋아해!

토토새의 말에 두발로 박사는 조금 위안이 되었다.

그때 바다조아 아저씨의 아이들이 몰려와 서로 팔을 끌고 밀며 집으로 갔다. 엄마가 저녁 준비가 다 되었으니 아버지를 모셔오라고 했다면서 바다조아 아저씨를 끌고 가는 아이들의 얼굴에는 웃음이 가득했다. 바다조아 아저씨의 얼굴에도 환한 웃음이 태양 같았다. 세상에서 성공한 사람 같았다. 바다조아 아저씨는 아이들을 보면서 행복하고 아이들이 바다조아 아저씨를 좋아하는 모습이 세상을 환하게 했다. 바다조아 아저씨와 함께하는 바다 풍경은 더없이 아름다웠다.

—행복한 사람이 제일 성공한 사람이다. 그렇지?

—나도 그렇게 생각해. 행복은 마음에 심어 놓은 나무 같아서 자라는 거랬어.

두발로 박사의 물음에 토토새는 요양원에서 들은 이야기

를 마치 자기가 생각해 낸 것처럼 대답했다. 두발로 박사는
토토새의 그런 말투에 이미 익숙해 있었다.

　－토토새. 너는 정말 멋있다. 그렇게 특별한 말도 할 줄
알고.

　두발로 박사의 칭찬에 토토새는 어깨를 으쓱했다.

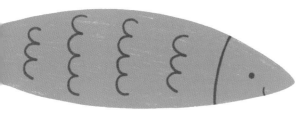

－하나 더 해
줄까? 행복도
버릇이래.

멋진 말에 다
시 한번 두발로 박사가 토토새를 바라보았다. 인생을 많이
산 노인들이 사는 요양소는 많은 것을 배우게 하는 곳이라
고 생각했다. 지식은행 같은 곳이라고 생각했다.

파도가 밀려왔다 밀려가곤 했다. 벌써 하루가 저물어
가고 있었다. 두발로 박사는 바닷가를 걸었다. 토토새도
기분이 좋은지 두발로 박사와 보조를 맞춰 바닷가를 날
았다.

－바닷물이 왜 짠지 너는 아니?

토토새의 말에 두발로 박사가 바닷물을 손으로 찍어 맛을
보았다. 바닷물은 정말 짰다. 눈을 찡그리자 토토새가 날개
를 파닥거리며 웃었다.

－하나님이 이 세상의 모든 것들을 소금으로 만들었대. 소

금은 영원히 썩지 않는 재료거든. 그런 다음 소금으로 만들어 놓은 형상대로 세상을 창조하셨대. 세상을 창조하고 난 후에 소금 인형들은 자신의 임무는 다했다면서 바다로 뛰어들었대. 그래서 바닷물이 짠 거래.

사실 이번 이야기는 토토새가 즉흥적으로 만들어서 한 이야기였다. 토토새는 소설가 같았다. 대단한 재능을 가진 새였다.

—토토새야. 너는 어떻게 그렇게 아는 것이 많니?

두발로 박사는 만들어서 한 이야기인 줄 알았지만 모르는 체하고 토토새를 칭찬했다. 지어낸 말이라는 것을 알고 있었고 칭찬을 하면 모두 행복하다는 것을 알고 있었기 때문이다. 칭찬은 때때로 세상을 행복하게 하는 힘이 있었다.

—너도 양로원에서 노인들과 온종일 있어 봐. 노인들의 이야기와 지식은 끝이 없어. 아주 특별한 인생을 산 노인들이 많거든.

—그렇겠다. 그러면 너는 왜, 여행을 하는 거니?

―듣기만 했지 한 번도 보지는 못했거든. 두발로 박사와 이렇게 여행을 하게 된 것이 내게는 축복이야.

―정말로?

―그럼. 얼마나 즐거운지 몰라. 다 신기하고 재미있잖아.

―그건 나도 그래. 그리고 네가 있어서 외롭지 않아서 좋아. 모두 다 외로움을 타나 봐. 너도 그러니?

토토새는 고개를 끄덕였다.

―엄마가 보고 싶어. 나는 엄마를 보지도 못했거든. 태어났을 때 나는 새장에 있었어. 혼자였지.

토토새는 슬퍼했다. 두발로 박사도 혼자였지만 슬픈 토토새를 안아주었다. 어둠이 점점 가까이 다가오고 있었다. 육지와 바다는 또 다른 풍경을 만들어내고 있었다. 둘은 바닷가를 끝없이 걸었다.

벌써 여행을 떠난 지 오래되었다. 둘은 서로를 의지한 채 많은 것을 배우고 있었다. 갑자기 나무가 되고 싶은 사람이 어떻게 되었을까 궁금했다. 다음에 시간을 내서 꼭 찾아가 보기로 마음먹었다. 세상은 너무나 볼 것도 많고 배울 것도 많았다.

두발로 박사와 토토새는 바다를 바라보면서 여행에 대해 많은 이야기를 나누었다. 지금까지 본 세상만으로도 가슴이 벅찼다. 정말 여행은 많은 것을 보게 하지만 무엇보다도 세상에 대해 다른 시선을 가지게 했다.

9. 마음 안에 등불을 켜라

두 발로 박사와 토토새는 다시 로패시를 타고 가다 산에 내렸다. 아직 어둠이 남아있었다. 설산이 멀리 보이고 참 잘생긴 산이 어둠 속에서 윤곽만 드러내고 있었다. 밤은 어두웠는데 바람이 상쾌했다. 그곳에는 큰 토굴이 있었다. 아주 오래전부터 도인이 혼자 앉아있었다.

황토색 장삼을 두른 도인은 아무 말도 없이 앉아있었다. 사실 두발로 박사와 토토새는 밤이 무서웠다. 갑자기 무슨 동물이나 귀신이 튀어나올 것만 같았다. 깊은 산 중에 도인은 무섭지도 않은 듯했다.

두발로 박사와 토토새가 토굴 안으로 들어가자 인기척에 도인은 돌아보았다.

－누구신가?

－여행 중에 들렀습니다.

－들어오시게.

두발로 박사와 토토새는 안으로 들어갔다.

그리 환하지는 않았다. 어둠이 곳곳에 남아있었다.

－할아버지는 외롭지 않아?

토토새는 여전히 반말이었다. 하얀 수염이 가지런하게 다듬어진 얼굴은 엄숙함이 느껴질 만큼 기품이 있었다. 도인의 주위에는 정적이 느껴질 만큼 근엄했다. 그런 도인에게도 토토새는 존댓말을 할 줄을 몰랐다. 두발로 박사는 조금

창피했다. 그리고 버릇은 참 오
래간다고 생각했다.

　－사람들은 세상이 어둡다고
등불을 켜는데 마음에 등불 하나
켜 놓는 것이 더 중요하지.

　－어두운 곳을 밝히기 위해 등
불을 밝힐 수는 있겠지만 마음에
등불을 어떻게 켜?

　토토새는 아주 당돌하게 따지
듯이 말했다.

　두발로 박사는 토토새의 반말
하는 것이나 당돌한 모습에 도인
에게 미안했지만 달리 도리가 없
었다. 말리면 더 대들 것이 틀림
없었다.

　－눈을 감으면 무엇이 보이지?

─아무것도 안 보여.

─그럼 눈을 감고 보고 싶은 것을 떠올려 보게나.

도인은 토토새가 반말하는 것이나 당돌한 말투에도 상관하지 않고 말했다. 그에게는 무언가 다른 느낌이 드는 특별함이 있었다. 목소리는 일정하면서도 힘이 느껴졌다.

토토새는 눈을 감았다. 잠시 정적이 흘렀다.

─응, 보여. 요양소에 있을 때 끝남이 할머니가 떠올랐어.

─기분이 어땠나?

─보고 싶기도 하고 끝남이 할머니를 생각하면 마음이 슬퍼지는걸.

─그럼, 이번에는 미운 사람을 떠올려 보게.

─나만 보면 욕을 하고 새장을 흔들어 떨어지게 했던 그 영감탱이가 있어!

토토새는 요양소에서 있었던 일을 생각하며 흥분해서 말했다.

─그래. 미운 사람을 생각하면 미운 마음이 드는가?

 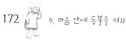

-그래. 그 사람, 미워.

아직도 흥분을 감추지 못한 채 말했다.

-지금 화를 내는 사람은 누구지?

-나지.

토토새는 너무나 당연하다는 듯이 말했다.

-자네가 화를 내는 동안 그 사람도 화를 내고 있을까?

-그건 아니지.

토토새는 너무도 당연하다는 듯이 말했다.

-그렇다면 누구에게 화를 내는 거지?

-그 영감탱이지.

-그 영감은 전혀 자네가 화를 내는 것도
모르는데, 왜 화를 내지?

-…

도인의 말에 토토새는 말문이 막혔다.

-결국은 자신에게 화를 내는 걸세.

도인은 웃음으로 두발로 박사와 토토새

를 바라보았다

　─그럼 감정을 어떻게 다스려야 하나요?

　두발로 박사가 물었다.

　─가만히 생각해 보게. 감정은 공평해서 남에게 화를 내기 전에 자신이 먼저 화가 나 있어야 가능하지. 그리고 남에게 선물을 주기 전에 선물을 준비하면서 행복해지지. 주는 대로 받는 것이 세상이거든. 세상을 살면서 가장 손해를 많이 보는 사람은 누군지 아나? 화를 많이 내는 사람이지.

　─왜요?

　도인의 말에 두발로 박사와 토토새가 동시에 물었다.

　─남에게 화를 내려면 자신이 먼저 화가 나 있어야 하니 손해고, 남에게 화를 냈으니 돌아오는 것도 화밖에 없지. 그러니 이래저래 손해지.

　─그렇네요.

　두발로 박사와 토토새가 또 똑같이 말했다.

　─그럼 어떻게 해야 하나요?

두발로 박사가 물었다.

─남을 칭찬해 보게. 칭찬하기 전에 이미 즐겁고, 칭찬하면서 즐겁고, 칭찬을 받는 상대도 즐겁고. 모두 모두 좋은 거지.

─그렇네요.

토토새와 두발로 박사가 똑같이 대답했다.

두발로 박사의 두 발이 길어지려다 말았다. 아직은 더 확인하고 싶은 것도 남았고 깨달음이 일시에 오지 않았기 때문이다. 토토새도 같이 긴장했다. 두발로 박사의 다리가 길어질까 걱정하고 있었다.

─다른 예를 하나 더 해줘!

토토새는 도인의 말뜻을 아직 확실히 느끼지 못한 모양이었다.

─사랑하는 마음일 때는 양손에 꽃을 든 모습일 테고, 미워하는 마음일 때는 양날의 칼을 가지고 있는 것이지.

주위에서 새들의 우는 소리가 들렸다 말았다 하며 어둠이 더 깊어지고 있었다. 밤이 되어 새들은 날개를 접고 둥지에 들어가 쉬고 있었다.

─누구를 미워하면 그 미워하는 만큼 자신이 먼저 상처를 받고, 누군가를 좋아하는 마음이 있으면 자신의 가슴에 먼저 꽃을 피운 셈이지. 가슴에 꽃밭을 만드느냐, 지뢰밭을 만드느냐는 자기 자신의 마음의 방향일 뿐이네.

두발로 박사와 토토새는 듣기만 했다.

─사람들은 종종 자신을 배반한 사람을 욕하고는 하지. 가만히 생각해 보게.

─배반하는 사람도 많아!

도인의 말에 토토새는 조금은 격앙된 목소리였다.

─사실 떠나게 한 사람은 자기 자신이지. 마음은 자석과 같아서 자력이 떨어지면 쇠붙이가 떨어져 나가듯 주위 사람들도 떠나가는 거지. 같이 있어 불편한 사람에게 사람이 남아 있을 수 없는 이치지.

─그렇군요.

두발로 박사와 토토새는 고개를 끄덕였다. 착한 학생이
된 듯한 표정이었다.

−세상을 살려면 힘이 있어야 한다네. 매력도 힘이고, 돈
도 힘이고, 명예도 힘이고, 배려도 힘이고, 친절도 힘이지.
이들 중에 어떤 것이라도 가지지 않으면 주위의 친구들은
떠난다네.

−그럼 스님에게는 무엇이 힘인가요?

−내게는 깨달음이 힘이지.

−혼자 깨닫는 것이 힘든 일이잖아요?

두발로 박사가 오랜만에 입을 열었다.

−세상에 힘들지 않은 것이 어디 있는가?

−…

−쉽지 않은 것을 하는 것이 의미 있지, 누구나 하는 일을
하는 것이 무슨 소용 있겠는가. 적을 만드는 것은 언제나 자
신이라네. 누구의 적이 되려고 노력하는 사람은 없다네.

−그런데 왜 적이 생기지요?

두발로 박사가 물었다.

―모두 다 상대가 나를 적으로 만들었다고 하지만 실은 자신이 먼저 상대의 적이 되도록 한 것이라네. 문제의 해결을 자신에게서 찾는 사람은 성장할 것이고, 상대에게서 찾는 사람은 원망만을 가지게 된다네. 모든 일의 원인이 '내 탓이오' 라는 경구는 많은 상징을 담고 있지.

―그럼 어떻게 사는 것이 가장 옳은 길인가요?

―길이 같을 수는 없네. 내가 둘이 찾아올 줄 알고 적어 놓은 글이 있으니 여행을 끝내고 나서 꺼내 보게. 도움이 될지도 모르지.

두발로 박사와 토토새는 깜짝 놀랐다. 자신들이 올 것을 알고 있었다니 더욱 그랬다.

―살아있는 것이 가장 큰 축복이야. 사람, 그 안에 자존을 세워보게.

―그럼, 사람 안에는 자존을 세우고, 나는 내 안에 무엇을 세우지?

토토새가 자신은 새인 것을 떠올리고는 따지며 대들었다.

―그대 안에도 자존을 세우면 되네.

도인의 목소리는 흔들림 없이 안정된 목소리였다.

토토새가 얼마 전 요양소에서 들었다며, 살아있는 것이 축복이라고 두발로 박사에게 말했었다. 그 말을 도인에게 직접 듣게 되어 두발로 박사는 기뻤다. 그렇지만 두발로 박사는 사람 그 안에 자존을 세워보라는 뜻은 아직 다 이해하지 못했다.

―무슨 뜻인지 확실히 모르겠습니다.

―더 여행하다 보면 그 말의 뜻이 이해가 될 때가 올 걸세. 깨달음은 자신의 몫이거든.

도인은 아주 차분하게 말했다.

―아니 그런데 왜 그렇게 복잡한 생각을 하며 살아?

토토새가 퉁명스럽게 말했다.

―그럼 산다는 건 무언가요?

두발로 박사가 토토새의 퉁명스러운 말에 상관없이 얌전

한 목소리로 물었다.

─운명이란 말을 들어본 적이 있는가?

─예.

─운명이란 말에서, 운運이란 뜻은 움직인다는 뜻이지. 명命은 목숨, 살아있음을 말하고.

─…?

두발로 박사는 집중해서 듣고 있었다.

─결국에 운명이란 살아 움직인다는 말이네. 다시 말하면 삶은 고정된 것이 아니고 살아 움직이는 것이라는 말이지. 원하는 쪽으로 움직이는 것이 운명이고, 산다는 것이라네. 어려운가?

두발로 박사가 듣고만 있자 도인이 물었다.

─아닙니다. 새겨서 듣고 있습니다.

도인은 아무 표정 없이 눈을 다시 감았다. 적막이 다시 찾아왔다.

─운명이란 하늘이 정해준 길을 가는 것이 아니라 내가 가

 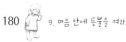

고 싶었던 길을 가는 것이지.

어둠이 깊었다. 두발로 박사와 토토새의 눈에는 졸음이
가득했다.

─한데, 여행을 하면서 만난 사람들의 이름을 다 아는데
할아버지 이름만 모르니 가르쳐 줘.

토토새는 여전히 반말로 이야기했다.

ㅡ밤이 늦었으니 들어가 쉬게. 이름이 없네.

ㅡ이름이 없는 사람이 어디 있어?

토토새의 대꾸에 아무런 반응도 없이 벽을 바라보고 돌아앉았다.

ㅡ저 할아버지는 왜 아무것도 없는 벽을 향해 앉아있지?

ㅡ…

토토새의 물음에 두발로 박사는 대답할 수가 없었다.

두발로 박사와 토토새 인생은 춤추게 해야 하는 거야

10. 물은 낮은 곳으로 흐르는 것이 아니라
    기다림을 향해 흘러간다

아침이 오자 로패시의 안내로 두발로 박사와 토토새는 또 새로운 곳으로 향하고 있었다. 하늘로 날아오르더니 구름 위에 올려놓았다. 로패시도 두발로 박사도 토토새도 구름과 같은 속도로 날아갔다. 멀리서 보면 솜털 같은

구름은 안개와 너무 흡사했다. 자세히 보니 물방울들의 모
임이었다.

　-너는 어디로 가니?

　뭉게구름에게 말을 걸었다.

　-기다림을 향해 흘러간단다.

　두발로 박사의 물음에 뭉게구름이 대답했다.

-기다림을 향해 흐른다고?

토토새가 톡 쏘듯이 말했다.

　-그래. 나를 기다리고 있는 것들이 있단다. 풀과 나무

와 동물들이 나를 기다리고 있지.

　　-그런데 어떻게 기다리고 있는 줄 아니?

　　두발로 박사가 말했다.

─바람이 실어다 주거든. 바람이 세상의 이야기를 다 듣고 우리를 데려다주곤 하지.

─바람이 데려다주는 거야?

─응. 그렇지만 가끔은 바람끼리 욕심을 내다 한 곳에 폭우를 내리기도 하고 가뭄을 만들기도 하지. 속상하지만 나는 날개가 없거든.

뭉게구름은 슬픈 목소리로 말했다.

─그래도 너는 좋겠다. 너를 기다리는 것들이 많아서.

토토새가 말했다.

─그렇기는 해. 누군가 나를 기다린다는 것은 행복한 거야.

─너는 세상을 다 볼 수 있어서 좋겠다. 비가 되어 내리면 바다로 가겠네.

두발로 박사가 말했다.

─그렇지 않아. 사람들은 구름이 비로 내리면 모두 바다로 가는 줄 알지만 그렇지 않아.

−그럼, 어디로 가?

뭉게구름의 대답에 두발로 박사는 의아해서 물었다.

−90%가 넘는 물이 다시 하늘로 올라가지. 증발하는 거야. 그중 3% 정도만 바다로 가고 나머지는 땅속으로 스며들어.

−그렇구나.

두발로 박사는 자신의 상식에서 벗어난 새로운 지식에 정신이 퍼뜩 들었다. 몰랐던 것이 창피하지 않았다. 도리어 신선했다.

−사람들은 증발이라고 하는데 우리는 '옷 갈아입기'라고 해. 변하는 것이 하나도 없거든. 나는 그저 물일뿐이야. 증기 상태나 얼음이 되거나, 나는 물이거든.

−그렇구나.

뭉게구름의 말에 두발로 박사가 대답했다.

−바다로 흘러가 친구들을 만나는 것도 좋지만 빨리 다시 하늘로 올라가 구름이 되어야 기다리고 있는 나무와 풀들에

게 물을 배달할 수 있어.

뭉게구름은 흘러가면서 차분하게 말했다.

—가본 곳 중에서 가장 기억에 남는 것이 뭐야?

토토새가 뭉게구름에게 물었다.

—소코트라 섬에 자생하는 희귀식물들의 모습이었어. 이 섬은 오랫동안 육지로부터 멀리 떨어져 여러 가지 생물들의 모습이 특별했어. 자신의 모습은 자신의 마음으로 빚어내는 것이었어.

—…

'용혈수龍血樹'라는 나무가 있는데, 줄기에서 채취한 붉은 색 진액이 용의 피와 같다고 해서 이런 이름이 붙여졌지.

—나무의 피가 빨갛다고?

—그래. 그것뿐이 아니야. 사막의 장미라는 나무도 있지. 아데니움Adenium이라고도 해. 건조한 기후에 적응하기 위해 물을 저장하는 부풀어 오른 형태의 줄기를 갖고 있지. 실제로 보면 아주 특별하게 생겼어.

－와! 정말 대단하겠구나.

두발로 박사가 흥분한 목소리로 말했다.

－그렇지. 하지만 내 마음에 가장 남는 것은 꽃이었어.

－꽃이라고?

엉뚱한 대답에 토토새가 목청을 높였다.

－그래. 들에 산에 흔히 피는 꽃이었어. 구름에서 떨어져 나와 비가 되어 땅속으로 스며들었는데, 나무를 만난 거야. 수직으로 이루어진 나무의 물길을 지나 작은 가지를 따라 올라갔어. 그곳은 참 신비한 느낌을 주었지. 자신도 모르게 빨려 올라가는데 누군가 부르는 것 같았어. 그 부르는 무엇인가에 빨려 가는 듯한 착각이 들었고.

뭉게구름은 잠시 말을 멈추었다. 그때 생각을 하면서 감회에 젖는 듯했다.

－정말 황홀했지. 나를 부른 곳이 어딘가 궁금했는데, 꽃이었어. 가장 간절하게 나를 부른 곳은.

두발로 박사와 토토새는 뭉게구름의 이야기에 빨려드는

기분이었다.

─정말 신비스러운 경험이었는데, 그곳에 도착하니 세상을 향해 아름다움을 생산하고 있었지. 아름다운 자태뿐 아니라 향기도 있었어. 천국은 하늘에 있는 것이 아니라 생명 속에 깃들어 있었지.

두발로 박사와 토토새는 아무 말도 못 하고 뭉게구름의 이야기만 듣고 있었다.

─마음으로 만들어내는 것이 더 신기했지. 세상은 마음의 형상대로 만들어지는 걸 그때 알았거든.

─마음으로 만들다니?

뭉게구름의 설명에 의문이 간 두발로 박사가 빠르게 되물었다.

─그건 설명이 좀 힘들긴 한데, 마음으로 빚어 만드는 것이 자신의 모

양이란 거야. 아름다운 생각을 하고 아름다운 행동을 한 결
과가 꽃이 되는 거였지.

　뭉게구름은 이야기하다가 침을 꼴깍 삼켰다.

　─쉽게 말하면 어떤 풀은 내가 가져다준 물로 독을 만들어
독초가 되고, 어떤 풀은 약을 만들 수 있는 약초가 되지.

　─이제 조금 이해가 간다.

　두발로 박사의 이해 간다는 말에 뭉게구름이 힘이 나서
이야기를 계속했다.

　─다시 말해 자신의 현재 위치와 모습은 자신이 살아온 결
과물이란 거야. 일테면 거지가 되어있으면 거지가 되기 위
한 숱한 선택을 한 것이고, 존경받는 사람이 되어있으면 존
경받기 위한 그 많은 선택
을 했다고 할 수 있지.

　─그건 마음의 모양이
아니고 선택이잖아.

　토토새가 따지

듯이 말했다.

―그 선택의 방향이 마음의 방향이거든.

뭉게구름은 토토새의 따지듯이 덤비는 말에도 차분하게 대답했다.

―결국, 자신의 위치와 현재 모습은 자신의 선택한 결과라는 이야기네.

―그래.

토토새의 말에 뭉게구름은 아주 명쾌하게 대답했다.

사실 두발로 박사와 토토새는 뭉게구름의 이야기를 다 이해할 수 없었다. 이제 여행을 떠난 지 제법 오래되었지만, 오랜 경험과 세상을 둘러본 뭉게구름을 따라가기엔 부족한 것이 많았다. 그리고 세상을 다 다녀본 바람을 친구로 둔 뭉게구름은 많은 것을 알고 있었다.

―너희들은 어디로 가는 중이니?

―정해 놓은 곳이 없어 마음이 가는 대로 가.

뭉게구름이 묻자 두발로 박사와 토토새는 합창하듯이

말해 놓고 서로의 얼굴을 바라보았다. 그리고 소리 내어
웃었다.

로패시는 말을 할 줄 몰랐다. 그러나 마음을 읽을 줄 아는
능력을 갖추고 있어 자신의 임무를 충실하게 수행했다.

−오랜 시간을 하늘에 떠 있으면 세상을 다 내려다볼 수
있어 좋겠다.

토토새의 궁금증은 끝이 없었다.

−세상을 구경하는 것은 기쁨이지. 그렇지만 흐르는 것들
은 슬프단다. 흐르는 것들은 집을 지을 수 없단다.

−집이 없어도 세상을 떠돌며 여행하는 것이 얼마나 좋아!

토토새는 상상만으로도 즐거워했다.

−정을 나누며 사는 것이 얼마나 큰 행복인지 모르는구나.
넌 아주 좋아하는 것과 헤어진 적이 있니?

뭉게구름은 토토새가 즐거워하는 모습을 보며 말했다.

−아니 없어. 나와 같은 새를 만난 적이 아직 없어. 하지만
가끔은 나와 같은 새를 만나고 싶을 때가 있지.

－끝남이 할머니 보고 싶지 않니? 너를 새장에서 구해준 그 할머니 말이야.

두발로 박사가 토토새의 이야기를 떠올리며 말했다.

－맞아. 끝남이 할머니는 내 은인이야. 나를 새장에서 구해주었지.

토토새는 또 눈가에 눈물이 고였다.

－어쩌면 돌아가셨을지도 몰라.

슬퍼하는 토토새의 말에 이어서 뭉게구름이 토토새를 바라보며 말했다.

－집을 가진 생명체들은 그런 마음으로 사는 거란다. 서로 의지하고 힘이 되어주는 거지. 하지만 흐르는 것들은 늘 가슴이 비어 있단다. 그곳에는 슬픔이 고여 있지.

뭉게구름의 목소리는 슬픈 목소리로 변했다.

－너는 세상의 생명체들을 기르잖아. 그리고 세상의 모든 풀과 나무 그리고 살아있는 생물들이 너를 기다리고 있고.

두발로 박사가 뭉게구름을 위로해 주려고 말했다.

─그렇지만 체온을 느낄 수 있는 사랑을 해보고 싶은 거야. 안아도 보고 싶고. 필요해서 기다리는 게 아니라 그냥 그리워져서 기다리는 사랑을 해보고 싶은 거야.

뭉게구름의 말이 애처롭게 들렸다.

구름은 이야기를 나누는 동안에도 계속 흘러가며 커졌다. 커질수록 검은빛을 띠었는데 검은 빛을 띨 때면 지상으로 내려갈 때가 된 것이라고 했다. 뭉게구름은 자기 몸을 부수어 지상으로 떨어진다고 했다. 그래야만 나무와 풀들이 다치지 않는다고 했다.

─이제 너희들과 헤어질 때가 왔나 봐. 내 몸이 무겁거든. 벌써 비로 변해 떨어지기 시작했어.

─흘러가는 것도 오늘이 마지막이겠구나. 이제 지상으로 떨어져서 산과 들과 강에 사는 것들과 만나겠구나. 떨어져서 아프겠지만 네가 진정 바라는 일이니 축하해.

두발로 박사는 진정으로 위로의 말을 해주고 싶었다.

─그래. 고마워. 아프지 않고 할 수 있는 일은 없어.

뭉게구름의 얼굴이 좋지 않았다.

—비가 되기 싫은 거니?

—아니야. 너희들과 헤어지기 싫어서 그래. 모처럼 가슴속의 이야기를 풀어놓았거든.

두발로 박사의 걱정스러운 말에 뭉게구름이 말했다.

—그건 나도 그래.

—나도 그래.

두발로 박사의 말에 토토새도 공감했다.

—그래도 너는 자유를 가졌잖아.

토토새가 뭉게구름을 보고 말했다.

—자유를 너무 많이 가지면 지쳐. 그리고 자유는 방황이 될 수 있지.

—어떻게 자유가 방황이 될 수 있니? 사람들은 자유를 위하여 피를 흘리기도 한다는데….

토토새가 따지듯이 말했다.

—자유를 원한다고 자유만으로는 살 수가 없어. 구속이 필

요할 때가 있지.

—왜?

토토새가 말을 끊으면서 물었다.

—구름도 기다리는 생명체들이 없으면 흐르는 것을 포기할지도 몰라. 때론 너무 힘이 들거든. 구름이 되어 막막한 허공을 떠다니는 것도 그렇고, 식물을 키우기 위해 땅속으로 흘러가는 것도 힘들어. 강으로 흐를 때는 구정물도 만나고 폐수도 만나지. 숨이 막히지만 기다림을 향해 우리는 흘러가지. 기다리고 있는 것을 향해 흘러가려는 마음도 일종의 구속이거든.

토토새는 더 말을 못 하고 듣고만 있었다. 바다 조아 아저씨가 말한 짐이란 말

이 떠올랐다.

─사람들이 그토록 가지고 싶어 하는 사랑도 사실은 구속이지. 다른 사람의 세상으로 들어가면 내 것을 포기해야 하거든.

두발로 박사도 고개만 끄덕었다.

─살아있는 생명들을 살아가게 하는 힘이 무언지 아니?

이번에는 뭉게구름이 두발로 박사에게 물었다.

두발로 박사는 고개를 저었다. 이번 여행에서 두발로 박사가 알고 싶은 것 중에 그것도 포함되어 있었다.

─아름다운 구속이야.

─아름다운 구속?

두발로 박사가 이해를 못 하겠다는 표정으로 말하는 순간 뭉게구름의 얼굴이 일그러졌다. 뭉게구름은 갑자기 말을 더 못하고 손을 흔들었다.

─왜 그래?

─이제 더 있을 수가 없어. 비가 될 시간이야.

−네가 기다려온 시간이잖아.

−그렇지. 세상의 일이 내가 원하는 시간에 이루어지는 것은 드물지. 대개는 조금 늦거나 빠르지. 지금은 예상보다 빨라.

뭉게구름은 두발로 박사와 토토새에게 마지막 인사를 했다. 뭉게구름은 엄마가 아이를 낳을 때 산통을 하듯이 힘들다고 했다. 그리고는 뭉게구름은 검은 구름이 되더니 곧 몸을 부수어 떨어지기 시작했다. 작은 조각으로 부수어지더니 비가 되어 낙하하기 시작했다.

−뭉게구름은 정말 위대하다.

토토새가 말했다. 두발로 박사도 그렇게 생각했다.

토토새와 두발로 박사는 안타깝고 아쉬웠지만, 진심으로 뭉게구름이 비가 되는 순간을 축하해 주었다.

두발로 박사와 토토새는 뭉게구름이 비로 떨어진 곳으로 내려가 길을 걸었다. 두발로 박사는 처음 출발할 때부터 맨발이었다. 땅은 촉촉이 젖어 있었다. 풀과 나무들은 생기를 얻어 더욱 푸르렀다. 냇물은 더욱 힘차게 흘러갔다. 맨발로 걷는 흙의 감촉은 좋았다.

　두발로 박사는 이렇게 아무것도 바라지 않는 누군가의 희생을 통해서 세상이 움직이는 거구나 생각했다. 맑게 갠 하늘을 바라보며 뭉게구름을 생각했다.

두발로 박사와 토토새 인생을 즐겁게 해야 하는 거야

11. 세상에서 가장 아름다운 건
자신이 하고 싶은 일을 하며 사는 모습이다

두 발로 박사와 토토새는 들판을 걸었다. 온종일 걸어도 지치지 않았다. 기분이 상쾌하고 맑았다. 뭉게구름과 만나고 나서 물이 더욱 친근하게 느껴졌다. 들판에는 물푸레나무와 버드나무들이 자라고 산에는 층층나무와 떡

갈나무 신갈나무 졸참나무들이 자라고 있었다. 모두 뭉게구름 덕분이다. 비가 내려 싱싱해 보였다.

나무들이 숲을 이룬 곳을 지나자 나무가 되고 싶은 사람이 생각났다. 보고 싶었다.

─나무가 되고 싶은 사람이 보고 싶다.

─나도 그런데…

두발로 박사가 나무가 되고 싶은 사
람 이야기를 하자 토토새도 기다렸다
는 듯이 답했다.

─나무가 되었을까?

─그래, 나무가 되었을지도 몰라.

둘의 궁금증은 커졌다. 두발로 박사는
주머니 속의 로패시를 만져보았다. 역시
자고 있었다.

두발로 박사는 로패시를 꺼내어 손에
얹었다. 로패시는 부스스 깨어났다.

두발로 박사는 로패시를 땅에 내려놓고 불기 시작했다. 한

참을 씨름하고 나서야 로패시가 커졌다. 둘은 얼른 올라탔

11. 세상에서 가장 아름다운 건

다. 로패시는 여느 때와 같이 바람이 빠지는 풍선처럼 날아
가기 시작했다. 누군가를 찾아가는 것이 이렇게 기분 좋은
것인 줄 알게 되었다. 로패시가 오늘따라 느림보 거북이 같
았다. 한참을 날아갔다. 여느 때와 달리 구름도 모두 반가웠

다. 뭉게구름을 알게 된 덕분이었다.

—와, 저기 보인다.

벌판 저 끝에 호수가 보이고 그 건너에 나무가 되고 싶은 사람이 있었던 곳이 보이기 시작했다. 호수쯤 가면 나무들이 듬성듬성 있었고 그 옆으로 숲이 있던 곳에 도착할 것이다. 그곳이 나무가 되고 싶은 사람이 서 있던 곳이다.

나무가 되었을지 아니면 아직도 나무가 서 있는 모습으로 그대로 서 있을지 궁금했다. 들판을 건너고 호수를 건너자 나무가 되고 싶은 사람이 서 있던 곳이 보이기 시작했다. 나무들이 그때와 마찬가지로 듬성듬성 있었고 그 옆으로 숲이 있었다.

—긴장되는데…

—나도 그래.

토토새가 먼저 이야기를 꺼내자 두발로 박사가 답했다.

주위의 나무들 때문에 나무가 되고 싶은 사람의 모습을 찾기가 쉽지 않았다. 로패시가 푸르륵, 바람이 빠지며 내려

앉았다. 내려앉자마자 주위를 둘러보았다. 자세히 살펴보니 나무 사이로 나무가 되고 싶은 사람의 한 부분이 보였다.

─저기다!

─어디, 어디.

두발로 박사가 먼저 발견했고 토토새는 잔뜩 긴장한 목소리였다.

두발로 박사는 달려갔다. 나무를 몇 그루 지나자 나무가 되고 싶은 사람이 있었다.

─우와!

두발로 박사와 토토새는 멈춰 섰다.

나무가 되고 싶은 사람은 얼굴만 남겨놓고 나무가 되어있었다. 몸은 나무껍질로 바뀌었고 몸과 손과 발에는 나뭇가지가 생겼다. 나뭇가지에는 파란 잎들이 나 있었다. 얼굴만 남아있었다.

─정말로 나무가 되었네!

두발로 박사와 토토새는 합창하듯 말했다.

－정말로 와 주었구나.

기다렸는데…

－기다렸다고요?

두발로 박사가 말했다.

－기다렸지. 소망하는 것은

이루어진다는 걸 증명하고 싶었어.

두발로 박사와 토토새는 감동했다.

─나는 이제 행복하단다. 세상에서 가장 아름다운 건 자신이 되고 싶은 것이 되는 일이지.

─축하해요. 그래도 이해할 수 없어요. 왜 나무가 되고 싶었어요?

나무가 되고 싶은 사람은 한참을 바라보더니 목소리를 낮춰 이야기했다.

─자신이 이 세상에 살아있음에 대해 생각해 본 적이 있겠지?

두발로 박사는 고개만 끄덕였다.

─나도 이 세상에 태어나서 살아있다는 것에 대해서 생각했지. 눈물이 나더군. 내가 태어나지 않았어도 이 세상은 아름다움을 가지고 있었을 거야.

나무가 되고 싶은 사람이 너무 진지하게 이야기해서 주위도 차분히 가라앉는 듯했다.

─내가 사람으로 살아있음과 나무가 된다는 것에 대해 생

각했지. 사람은 동물적 욕망을 꿈꾸고 나무는 식물성 욕망을 꿈꾸지.

나무가 되고 싶은 사람의 말뜻을 두발로 박사가 잘 모르겠다는 의미로 고개를 젓자 나무가 되고 싶은 사람은 여전히 차분한 목소리로 말을 계속했다.

–사람은 소비자야, 나무는 생산자고. 동물적 욕망이란 나무와 풀 또는 다른 살아있는 생명을 먹고 산다는 뜻이야. 하지만 식물은 살아있는 그 자체로 생산자가 되는 거야.

두발로 박사는 그제야 고개를 끄덕였다. 토토새는 두발로 박사의 어깨에 앉아 눈만 멀뚱멀뚱하고 있었다.

–나무는 자신이 먹기 위해 열매를 맺지 않아. 주기 위해 열매를 맺지. 살아있음이 그대로 누군가에게 기쁨이 될 수 있는 삶을 사는 거지.

–아, … 그렇구나!

두발로 박사는 감탄한 입을 다물지 못했다. 가슴이 먹먹해 왔기 때문이다.

두발로 박사의 다리가 예전보다 쭉쭉 커졌다. 두발로 박사는 자신의 다리가 길어지는 것이 즐거웠다. 토토새도 이리저리 날아다니며 즐거워했다. 토토새는 두발로 박사의 다리가 길어지는 것이 즐거웠지만 이야기에는 전혀 흥미가 없었다. 토토새는 마음에 있는 말을 참을 줄 몰랐다.

─나는 정말로 그런 이야기 재미없어. 쉬운 말로도 이야기할 수 있어야 말을 잘하는 거야!

토토새가 두 사람의 이야기를 듣고 있다 한마디 했다.

두발로 박사가 웃자 나무가 되고 싶은 사람도 따라 웃었다. 두발로 박사는 이제 여행을 마쳐야겠다고 생각했다. 나무가 되고 싶은 사람의 말처럼 가장 아름다운 모습은 자신이 되고 싶은 것이 되는 것이었다. 나무가 되고 싶은 사람의 웃음이 아름다웠다. 아주 사소한 것일지라도 자신이 하고 싶은 일을 하며 산다는 것은 어떤 일보다도 아름다운 일이며 꿈을 이루는 일이다. 길어진 다리가 좀처럼 줄어들지 않았다.

두발로 박사는 돌아가야겠다는 생각을 했다. 두발로 박사와 토토새는 나무가 되고 싶은 사람과 헤어졌다. 그리고 나무가 되고 싶은 사람이 나무가 되어가고 있는 것을 진정으로 축하해 주었다. 나무가 되고 싶은 사람의 얼굴은 어느 때보다도 밝았다.

두발로 박사와 토토새는 로패시를 올라탔다. 평상시와 같이 어디로 가자고 말하지 않았다. 로패시는 하늘로 날아오르더니 한 방향으로 날아갔다. 두발로 박사와 토토새는 말이 없었다.

두발로 박사가 연구소장으로 있던 연구소가 보이기 시작했다. 연구소의 넓은 마당에 풀이 파랗게 자라있었다. 두발로는 맨발로 연구소 건물로 걸어갔다. 그리고 주머니에서 이름을 알려주지 않은 도인이 건네준 봉투를 꺼냈다. 흰 봉투 안에는 종이를 접은 것이 보였는데 두발로 박사는 조심해서 봉투 속의 종이를 꺼냈다. 접힌 종이를 폈다. 종이에는 가지런히 글씨가 쓰어 있었다.

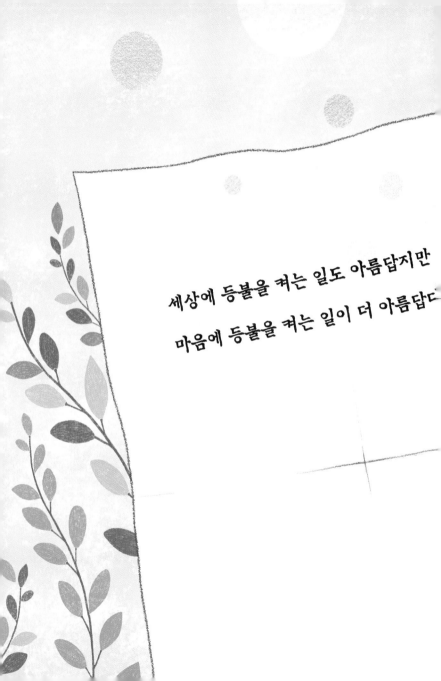

세상에 등불을 켜는 일도 아름답지만

마음에 등불을 켜는 일이 더 아름답다

　-뭐라고 쓰여 있어?

　토토새가 궁금증을 참지 못하고 다 펴기도 전에 물었다.

　두발로 박사가 종이를 펼쳤다. 종이에는 이렇게 쓰여 있었다.

세상에 등불을 켜는 일도 아름답지만
마음에 등불을 켜는 일이 더 아름답다.

　글이 너무 좋았다. 두발로 박사는 행복했다. 도인은 만났을 때 몸이 시키는 일을 하면 욕망을 좇는다고 했다. 마음이 시키는 일은 몸이 시키는 일보다 한결 순수하고 맑은 생각이었다. 그리고 어두운 세상에 등불을 밝혀 환하게 하는 것도 필요하지만 마음 안에 등불을 켜는 것이 더 중요하다는 도인의 글이 좋았다. 두발로 박사는 인생의 지침을 준 이름 모를 도인에게 감사했다. 너무 고마웠다. 두발로 박사와 토토새는 오랜 여행으로 지쳤지만 행복했다.

남이 뭐라고 하던 나무가 되고 싶은 사람은 나무가 되기 위해 기도하고 소망하는 모습이 아름다웠다. 그래서 나무가 되고 싶은 사람은 행복해 보였다. 모든 장난감을 다 만들 수 있는 다만드러 아저씨는 세상에서 필요 없는 것은 없다고 했다. 저마다의 삶은 저마다의 가치로 빛나는 것이었다. 퐁퐁섬에서 만난 늘 행복해 보이던 핑그레는 아버지가 많아서 행복해했다. 짐을 지는 것이 축복이 될 때가 있다고 한 바다조아 아저씨와 가난하지만 즐겁게 사는 다바람. 그리고 이름을 알 수 없는 도인의 살아가는 모습이 아름다웠다. 그 사람들은 자신이 하고 싶은 일을 하기에 아름다웠다.

그들의 행복은 단순했다. 행복하다고 생각하기 때문에

행복한 것이었다. 비교하지 않는 순수한 마음이 행복을 만들어주는 것을 알 수 있었다. 두발로 박사는 로봇을 만들고 세상을 좀 더 편리하게 만들기 위해 연구를 하는 것이 즐거웠다. 그것을 하는 것이 세상에서 자신이 아름다워 보일 것

이란 생각을 하니 즐거웠다.

　　두발로 박사는 연구실로 들어서
며 행복했다. 그때 갑자기 다리가
길어지기 시작했다. 두발로 박사
는 다른 때처럼 당황하지 않고 당
당하게 걸어 들어갔다. 어린아이

와 같은 마음으로 사는 건 큰 행복이고, 우리에게는 순수함을 꿈꿀 수 있는 권리가 있다고 생각했다. 두발로 박사는 어른이 되어도 어린아이처럼 살기로 했다.

─나는 어린아이로 살 거야!

두발로 박사는 소리쳤다. 토토새는 날개를 퍼덕이며 함께 즐거워했다. 두발로 박사는 어린아이의 모습으로 세상을 바라보고 이해하는 것이 정말 즐거웠다.

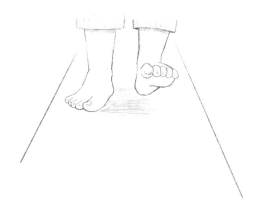

11. 세상에서 가장 아름다운 건

남에게 주고도 행복한 건 사랑이야

<긍정이와 웃음이의 마음공부 여행>

"긍정이와 웃음이를 데리고 다니면 행복이도 슬그머니 따라와요"

긍정과 웃음이 마음의 온돌방을 따뜻하게 해주는 책이다.
선물하기 좋은 책이다. 책을 사면 사는 마음 안에 등이 하나 켜지고,
선물을 하면 선물을 주고 받는 마음 안에 함께 등이 켜지게 하는 책이다.
긍정와 웃음을 배워 행복에 이르게 한다.